MADRE SÓLO HAY UNA...
PAPAS HASTA EN EL MERCADO

ROSAURA RODRÍGUEZ

MADRE SÓLO HAY UNA...
PAPAS HASTA
EN EL MERCADO

grijalbo mondadori

MADRE SÓLO HAY UNA... PAPAS HASTA EN EL MERCADO

© 2001, Rosaura Rodríguez

Ilustraciones: Javier Saavedra Valdés

D. R. © 2001, por EDITORIAL GRIJALBO, S. A. de C. V.
  Av. Homero núm. 544
  Col. Chapultepec Morales, C. P. 11570
  Miguel Hidalgo. México, D. F.

www.grijalbo.com

ISBN 907-05-1299-1

IMPRESO EN MÉXICO

A Soco

Agradecimientos

Mi hermana Soqui dice que ya se puede morir tranquila. Sembró el árbol, tiene tres hijos, y aunque no ha escrito el libro, fue la inspiración de uno. Y tiene toda la razón porque *Madre sólo hay una, papas hasta en el mercado* fue un pedido que ella me hizo durante su tercer embarazo. Por eso mi primer agradecimiento es para ella. Me dio la idea, se tomó este proyecto como suyo y logró lo que parecía imposible: que yo pudiera identificarme con una experiencia que nunca he tenido.

Debo confesar que al principio dudé que pudiera escribirlo. No sabía por dónde empezar y lo único que quedaba claro para mí era que ese famoso instinto maternal había brillado por su ausencia en mi propia vida. Sin embargo, la idea tuvo gran acogida entre mis amigas veteranas de la maternidad, que decidieron acompañarme y no me dejaron desistir del proyecto. Flavia, Brigitte, Luz María, Claudia y mi cuñada Mariana me prestaron sus tribulaciones, sus síntomas, sus dolores, sus angustias y todo tipo de penurias, demostrándome que la hormona del olvido es más un mito que una bendición de la naturaleza.

Como en cualquier embarazo, la presencia de un hombre era de vital importancia para este libro y el padre del proyecto es mi cuñado Pier. Él me guió a través del proceso científico,

9

físico y ginecológico. Tomó a pecho su trabajo, contándome sus experiencias como médico de señoras y permitiéndome entrar a sus partos y cesáreas para que yo presenciara en vivo y en directo lo que era traer un hijo al mundo.

También deseo agradecer a muchas mujeres en el supermercado, en los centros comerciales, restaurantes y aeropuertos que, sin saberlo, fueron material de estudio en mi obsesión por lograr identificarme con el tema de la maternidad.

A mis sobrinos Pierángelo, Estéfano, Mariana y Manuel José porque son lo más cercano a la maternidad que tengo. Con ellos he logrado experimentar un amor casi maternal, una paciencia, una entrega y un enamoramiento sin límites. Cuán verídico es que al que Dios no le da hijos el diablo le da sobrinos.

Finalmente, mi agradecimiento a mi mamá. Aunque le haya dedicado el libro, merece el capítulo aparte de mi propia vida. Ahora entiendo muchas cosas y prometo públicamente tenerle más paciencia. Mis respetos a ella y a todas las madres de este mundo.

Índice

1

Qué ignorantes tiempos aquellos

Hubo una época en que toda mujer lo tuvo. Es más, era una obligación tenerlo. Podían aprender a ser buenas hijas, buenas hermanas, buenas esposas, incluso a ser decentes, pero lo de ser mamá iba unido a la condición femenina como el tener ovarios, vagina y útero. Toda mujer que mereciera ser calificada como tal estaba obligada a nacer con eso denominado "instinto maternal".

Durante siglos el instinto se instaló en la vida de las mujeres convirtiéndose en la fuerza que las llevaría a la total satisfacción. Ninguna podía sentirse plena, mucho menos realizada, si no había probado el placer de la maternidad. En ella radicaba el único motivo para existir, para vivir en pareja y para demostrarle al mundo que sí eran capaces de cumplir con su labor en esta vida. No había decisiones que tomar: procrear era parte del proceso natural de la vida y para las mujeres, uno de sus más grandes deberes. Si no lo lograban, si Dios les negaba la capacidad de engendrar, se convertían en semillas secas, inservibles, con un vientre infértil que las nulificaba como mujeres y como seres humanos.

No creo que mis abuelas hayan albergado ningún tipo de duda respecto a la maternidad. Para ellas era tan simple como esperar al hombre que les simpatizara, casarse y de inmediato tener descendencia. Al fin y al cabo los hijos los mandaba Dios y aunque a nadie se le aparecía el arcángel para hacerle el anuncio celestial del hecho, lo aceptaban con la misma resignación con la que María aceptó su destino.

Para la gran mayoría, en esos tiempos llenos de represiones sexuales, los hijos eran el único motivo válido para tener relaciones con un hombre. La infertilidad o la demora en quedar embarazadas se convertía en un suplicio que las obligaba a seguir consumando un acto que las llenaba de culpabilidad y a llorar desconsoladas cuando la mancha roja aparecía en sus vidas. Entonces, la idea era estar siempre lo más embarazada posible para disfrutar de las largas cuarentenas con sopita de pollo y agua de panela (azúcar mascabado) para estimular la producción masiva de leche, para sentarse en una almohada con el objeto de mitigar el dolor posparto y retrasar así el momento de volver a cumplir. Si la cuestión se les ponía muy fea y ya no querían más hijos, se cambiaban de cuarto, pecaban negándole al marido sus derechos conyugales y rogaban a Dios para que apareciera otra mujer —una de esas indecentes que sí disfrutaban del sexo— que mantuviera ocupado al señor de la casa. Y es que también les habían enseñado que ellos tenían necesidades sexuales bajas, sucias, propias del sector masculino, en tanto que para nosotras esa necesidad se subordinaba al instinto maternal.

Gracias a Dios, a la Virgen, a todos los santos, a Mahoma, a Buda, a la ciencia y a todo lo que se nos ocurra salimos de esa ignorancia tan poco conveniente para nosotras. De no ser así seguiríamos cocinándonos en nuestros propios ardores mientras la sequía nos arrugaría lentamente. Y así como el siglo XX nos legó el gran descubrimiento de nuestra sexualidad, de la misma forma acabó con uno de los grandes mitos sobre la mujer: la posesión de un instinto maternal que se fue devaluando en la medida en que empezamos a cuestionarnos y a defender nuestros derechos.

EN LAS PEORES MANOS... LAS DE ELLOS

El diccionario define la palabra instinto de la siguiente manera: "estímulo interior que determina los impulsos de los animales, como el de conservación, sobrevivencia y reproducción; en el hombre, impulso interior independiente de la reflexión". Por sí solo, sin agregarle la parte maternal, lo que nos enseñaron va en contra de esta definición porque, si por instinto queremos pro-crear, es más que evidente que el deseo sexual nos es innato. Al fin y al cabo no hay uno sin el otro y ya no estamos para que nos crean que puede ser obra del Espíritu Santo. Y si analizamos la parte donde se señala que es independiente de la reflexión, en-tonces no existiría fuerza humana que nos detuviera en el mo-mento en que necesitáramos procrear. Entonces, ¿por qué nos reprimimos tantos años? ¿Por qué separamos el sexo de la ma-ternidad y lo usamos sólo como un medio para llegar a ella?

Para iniciar, debemos volver al pasaje bíblico al que hay que achacar la culpa de gran parte de nuestro Vía Crucis. Sí, al momento en el que Eva le da la manzana a Adán y se comete el pecado mortal. Un pecado de tales proporciones que toda la humanidad resultó perjudicada. Hasta Dios se vio obligado más tarde a mandar a su propio Hijo y verlo morir en la cruz por culpa de la mujer que osó comer del Árbol de la Sabiduría. Como quien dice, el error de Eva fue, ni más ni menos, pedírse-lo a Adán.

Siendo así, hay que preguntarse de qué humanidad se ha-blaba en esa época. No requerimos ser demasiado inteligentes para comprender que sin sexo no hay posibilidades de que exista la gente, así que, a fin de cuentas, deberíamos estar agradecidos con esa primera mujer. No sólo nos dio la oportunidad de existir, sino que al comer el fruto del famoso Árbol de la Sabiduría nos abrió las puertas del conocimiento. Ella resulta ser nuestra verdadera madre, la que hizo posible la procreación y evitó que siguiéramos siendo brutas e ignorantes.

Sin embargo, no fue esto lo que nos inculcaron. Por el contrario, el pequeño desliz de Eva se convirtió en el pecado más grande cometido en la historia y los hombres se aprovecharon del atolladero para llenarnos de mitos, restricciones y tabúes, que hemos cargado a lo largo de los siglos. No olvidemos que la Biblia fue escrita por hombres y por eso no hay ningún Evangelio que inicie con: "Lectura del Santo Evangelio según Santa Ana". Todo lo que "somos" desde entonces lo somos según la perspectiva masculina; por consiguiente, todas nuestras doctrinas, valores morales y, en especial, nuestro papel en la sociedad y en la vida forman parte de lo que ellos consideraban que era lo mejor. Si lo vemos así, el asunto se descompuso antes de echar a andar porque nunca tuvimos oportunidad de hablar, de opinar, mucho menos de actuar.

Y es que… ¿qué podíamos decir si la primera vez que, dicen ellos, tomamos la iniciativa fue cuando lo de la manzana y con esa acción convertimos el Paraíso en un lugar pecaminoso? Pues nada, nos tocó quedarnos calladas porque el que estaba furioso era Dios y ésas son palabras mayores. Al ser contada la historia por hombres, ese Dios, demasiado machista para mi gusto, se ensañó con nosotras como si el pobrecito de Adán no hubiera tenido boca para decir no. Nos castigó multiplicando los trabajos de nuestros embarazos, enviándonos el dolor del parto y obligándonos a buscar con ardor al marido que nos dominaría por los siglos de los siglos. No, si ahí nos marcaron el camino de la sumisión sexual y nos cerraron la boca para siempre. Dios se lo dijo claritito a ese primer hombre: "Por haber escuchado a tu mujer (símbolo claro de que no debían ponernos atención nunca más) será maldita la tierra, con trabajo comerás de ella todo el tiempo de tu vida, te dará espinas y abrojos, y con el sudor de tu rostro comerás el pan". Qué fácil. ¿Cuál sudor? Si Adán ni siquiera tenía competencia, todo lo que había en el Paraíso era para él. Eso sí, debía labrar la tierra y empezar a trabajar un poquito. Vaya castigo al lado de los dolores de parto y la sumisión que nos echaron encima a nosotras.

Y fue esa tapada de boca la que nos volvió durante siglos costillas ambulantes de los hombres. Así ellos lograron inculcarnos valores y hasta instintos que ahora, a punta de una gran culpabilidad y mayor conocimiento, logramos por fin al menos cuestionar.

LA DEVALUACIÓN DEL INSTINTO

Diversos estudios ponen en duda la existencia del instinto maternal. Muchos se atreven a afirmar que es parte de una institución controlada por un sistema patriarcal de relaciones laborales. En pocas palabras, en esta historia narrada y manipulada por los hombres, decidieron asignarnos la peor parte del trabajo y para ello no encontraron mejor forma que transformar ese amor materno incondicional en un instinto. Así se aseguraban de que nos quedáramos en la casa gestando y criando hijos mientras ellos se dedicaban a labores más entretenidas.

Otros estudios sostienen que todo este enredo del famoso instinto tiene que ver con un problema de población bastante fuerte que se vivió hasta el siglo XVIII. Las enfermedades y la escasez de comida impedían que la población creciera. El nivel de mortalidad era alto y muchos niños fallecían antes de llegar a la pubertad. Bajo estas circunstancias, la necesidad de procrear se convirtió en un asunto de vida o muerte y el amor maternal en una necesidad aprendida para poder perpetuar la existencia. Entonces, nos asignaron este trabajito, el cual, definitivamente, ellos no podían llevar a cabo. Pero, para que se nos hiciera más llevadero y no cuestionáramos si queríamos tener hijos o no, le dieron un ascenso y un nuevo título al amor maternal.

Cuando un estudio realizado por la antropóloga Margaret Mead sobre tres tribus en Nueva Guinea puso en duda la existencia del instinto materno y abrió la posibilidad de que fuera un comportamiento aprendido, las propias mujeres saltaron en defensa de algo que consideraban innato en ellas. En una de las tribus, tanto las mujeres como los hombres eran dulces, tiernos, pasivos y pacíficos y ambos se responsabilizaban del cuidado de los niños. En otra, hombres y mujeres mostraban una personalidad agresiva y violenta; ellas odiaban todo lo concerniente a la maternidad. En la tercera, los papeles se habían intercambiado por completo: las mujeres eran dominantes y agresivas y estaban a cargo de mantener la casa, en tanto que los hombres eran pasivos, cuidaban a los hijos, les encantaban las murmuraciones y arreglarse.

Los anteriores son sólo estudios realizados en el área sociológica. Si recurrimos a la psicología, la devaluación del instinto materno llega a un punto bastante bajo, pues según esta ciencia, el instinto es únicamente parte de las etapas necesarias para la socialización. Eso significa que forma parte del proceso de búsqueda de una identidad, misma que logramos imitando a los demás. Es así como desde niños aprendemos cuál es nuestro papel en la vida a través del comportamiento de los adultos y, sobre todo, del rol de nuestros padres. Jugamos a ser mamá o a ser papá, somos pacíficos o agresivos, femeninas o machos, dependiendo de lo que vemos y aprendemos. Conforme crecemos estos roles continúan influyendo en nuestras creencias, decisiones y relaciones.

Sin embargo, no han sido todos estos estudios los que han creado la duda sobre la existencia del instinto materno en muchas mujeres sino, más bien, la lucha interna que gran número de nosotras hemos sostenido al no reconocernos dentro de ese patrón. Esto nos obligó a pensar que adolecíamos de algo, y algo vital en nuestra condición femenina.

Puedo decir que me cuento dentro de ese grupo y que durante años busqué en mi interior esa ilusión desmedida, ese deseo incesante de tener un hijo. Veía a mis amigas enternecerse ante la idea de ser madres, convencidas de que no había mejor forma de sentirse plenas y satisfechas con sus vidas. Las escuchaba hablar de la maternidad como el cúmulo de todo, como la única forma de llegar a una total realización personal y guardaba para mí mis pensamientos, sintiéndome culpable por no compartir esa sensación, por sentir que mi realización personal no dependía de un hijo y que yo era mucho más que una vagina y unos ovarios listos para ser fecundados.

Y fueron justo ellas las que, habiendo cumplido con su cometido, me hicieron entender que del dicho al hecho hay un gran trecho y que no toda mujer nació emocionalmente preparada para tener hijos.

Fueron muchas las que, en el caos emocional provocado por el divorcio, olvidaban las palabras que tanto repetían antes: "Una nunca le haría daño a un hijo. No te imaginas lo que se siente, es el amor incondicional por excelencia", para pasar a utilizar a esos mismos hijos como arma de despecho y negociación sin importarles el daño que les causaban y dejando atrás la incondicionalidad del amor.

Entonces... ¿dónde estaba ese instinto que supuestamente las llevaba a proteger a sus retoños? ¿Era menos poderoso que los sentimientos de despecho y de venganza? ¿Qué sucedía con el instinto de aquellas que se enamoraban de un hombre y dejaban todo, incluso a sus hijos, para seguirlo? Si es algo tan innato en nosotras, ¿por qué existen mujeres que permiten que sus maridos maltraten a sus hijos y abusen de ellos y guardan silencio para no ahuyentar al hombre? ¿Acaso es más importante el instinto sexual que el maternal?

La verdad es que es muy difícil saberlo. Lo que sí creo es en la capacidad única e innata de las mujeres para concebir y criar, para amar y entregarnos. Amamos a nuestros hijos desde que los llevamos en el vientre, en tanto que los hombres requieren un poco más de tiempo y esperan hasta tenerlos en sus brazos para sentir algo. Amamos a nuestros hijos sin condiciones y los perdonamos de la misma forma en que perdonamos cuando estamos locamente enamoradas, sólo que en el caso de los hijos el amor y el perdón sí son hasta que la muerte nos separe.

—¿Sabes cómo es? —me dijo una amiga cuando le pregunté cómo era ese amor maravilloso hacia los hijos—. Como el amor profundo que se siente al principio de una relación, sólo que con ellos se trata de un estado perenne. No hay marcha atrás y por más que sufras por ellos sigues siempre profundamente enamorada.

—¿Siempre? —pregunté.

—No, desde luego. Hay veces en que los quieres matar, cuando dices: "Si hubiera sabido lo que es esto, no me habría metido en este lío", pero se te pasa enseguida. Son como ráfagas, porque el amor es tan grande que lo borra todo.

Pues sí, de la grandeza de ese amor y de la capacidad de sacrificio de una madre no hay duda. Es algo inexplicable e inefable. Cuando una mujer tiene un hijo cambia para siempre, aunque no sea del tipo más maternal y no sea portadora de eso que llaman instinto.

Y es que ya no nos importa si existe o no el instinto maternal. Las mujeres de hoy estamos mucho más en contacto con nosotras mismas, con nuestros deseos y nuestras aspiraciones, y hemos dejado de percibir a la maternidad como una obligación. Para muchas sigue siendo la mayor realización, pero otras la consideran una cuestión de decisión. Nos atrevemos a decir abiertamente, sin sentirnos culpables, lo que antes se hubiera convertido en un sacrilegio: "No sé si esté preparada para tener un hijo".

Atrás quedaron también los tiempos en que veíamos la maternidad como algo dulce, tierno e innato. Por el contrario, son muchas las mujeres que se quejan del proceso desde el inicio; no me refiero al acto que llevó a la concepción —eso es divertido—, sino a lo que un embarazo implica. Llega a parecernos una injusticia que algo que se hizo entre dos durante nueve meses corra por cuenta nuestra y nos preguntamos por qué nos tocó casi todo a nosotras.

Sigo pensando que la culpa es de Adán. Ese tipo nos hizo un daño inimaginable. Hasta el día de hoy me pregunto qué le costaba apoyarnos en el momento en que Dios se dio cuenta de lo de la manzana. Definitivamente no era un señor, sintió pánico ante su patrón y nos echó toda la culpa; qué poco caballero. Si Adán hubiera usado el pronombre "nosotros", estoy segura de que Dios habría repartido el castigo de manera más equitativa y el embarazo hubiera sido compartido. Pero Dios, que todo lo sabe, se percató en ese instante de que su primer hombrecito era un ser débil, que si no podía siquiera enfrentar una circunstancia como la de la manzana, mucho menos podría con el trabajo de poblar a la humanidad. Era mejor que se fuera a buscar frutitas por el bosque.

Fue así como quedó todo en nuestras manos —por no decir vaginas—, porque la realidad es que a partir de ese momento al resto de los Adanes del mundo les empezó a preocupar mucho lo que haríamos con nuestros ardores. Nos mandaron a las cuevas a criar hijos, inventaron que teníamos un instinto y que la maternidad era lo que veníamos a realizar a este mundo. Nosotras, muy sumisas, nos creímos el cuento, hasta el momento del despertar del siglo XX que nos hizo entender que naturales también son los huracanes, los terremotos y hasta los tornados, pero eso no implica que estemos esperando deseosas que nos pase uno por encima.

2

Lo más natural del mundo

La palabra misma lo dice: "embarazo", definida en el Diccionario de la Lengua Española como: "falta de soltura, dificultad, estorbo, obstáculo, encogimiento, preñez". Es más, en muchos países, cuando la mujer tiene un hijo, dicen que "se alivió", y no hay que ser muy inteligente para saber que si uno se alivia quiere decir que deja de estar enfermo.

Todos estos términos indican, y han indicado siempre, que estar esperando un hijo no es necesariamente el estado ideal y son muchas las mujeres que se enfrentan a esta realidad con los primeros síntomas.

DESCUBRIENDO LA MATERNIDAD

Mi hermana Soqui es una de esas mujeres que saborea los primeros signos maternales a través del vómito y las náuseas. En sus dos primeros embarazos la sensación de resaca eterna no la abandonó durante los nueve meses: vomitó en la sala de partos con las mismas ganas con que lo hizo desde el primer día. Pero, como dicen que no todos los embarazos son iguales, con su tercer hijo se colmó de ilusión al descubrir que su primer síntoma era un dolor insoportable en el busto. Fuera de eso, se sentía a la perfección y creyó que esta vez Dios se había apiadado de ella.

"La felicidad sólo me duró un par de semanas", afirmó. "Una mañana cualquiera me levanté con náuseas. Con horror corrí al inodoro y vi de nuevo correr mi bilis por él; reconocí a mi fiel compañero de embarazos anteriores; me abracé a él y le entregué toda mi ilusión de que esta vez sería diferente. De inmediato intenté lavarme los dientes, pues la experiencia me había enseñado que el ácido del vómito acaba con ellos y con las encías. Quería evitarme un problema más. Pero, apenas me puse el cepillo en la boca, tuve que regresar a ese abrazo tan conocido con el, a partir de ese momento, mejor compañero de lucha. Rogué a Dios que mis encuentros con el inodoro duraran los prometidos tres primeros meses."

Y éste fue sólo el principio, porque enseguida empezó a sentir un desagradable sabor en la boca, acompañado de tanta saliva que a veces pensaba que no podría tragarla. Tenía pesadillas en las que veía a la gente comentar aterrada que había muerto ahogada en su propia saliva. La única forma de quitarse ese sabor a óxido era cepillándose los dientes y ya sabemos dónde terminaba cada vez que probaba la pasta dental.

Los malestares de mi hermana, que en otro momento hubieran sido considerados síntomas de algún tipo de enfermedad, pasaron a ser lo más normal del mundo. Es más, el ginecólogo le aseguró que el vómito era lo mejor que le podía pasar porque eso quería decir que el bebé estaba "bien agarrado". No tenía por qué preocuparse, todo iba a las mil maravillas y sus penurias eran las propias del embarazo.

Yo añado: más bien, una de las partes del inicio de un embarazo, pues existen muchas, y la única agradable es la ausencia de la menstruación.

Por supuesto, algunas mujeres viven los nueve meses sin experimentar malestares, pero para mí ésas son como aquellas que se lo comen todo, no hacen ejercicio y tienen un cuerpazo. Unas privilegiadas a las que hay que odiar cordialmente por no ser solidarias con las de su mismo sexo. Otras van más allá. Sí, las místicas que aseguran haber sabido de su embarazo en el momento de la concepción. Al hacer el amor, algo les dijo que estaban concibiendo. No sé si esto tenga que ver con el síndrome de la Virgen María, pero no entiendo por qué el arcángel es tan selectivo y escoge a unas pocas para susurrarles justo entonces al oído que van a ser madres. Y debe de ser un momento bastante celestial porque si a mí alguien que no sea mi pareja me habla en un encuentro tan íntimo y privado, se me bajaría la nota de inmediato.

Dejando de lado a las que no sienten nada, a las que afirman sentirse en su mejor momento durante el embarazo y a las Vírgenes Marías que concibieron en un momento celestial, el resto de las mujeres se ven forzadas a enfrentar una serie de síntomas nada agradables, pero que siguen siendo lo más natural.

El aumento de los niveles de estrógeno y progesterona es el culpable de ese tremendo dolor en el busto. En esos momentos hasta la caída del agua sobre el pecho puede ser insoportable y ni hablar de intentar dormir boca abajo, mucho menos de usarlos durante la relación sexual. Si éste es uno de los síntomas, es necesario acostumbrarse a que durante los siguientes tres meses esa parte de nuestro cuerpo será intocable.

Para otras, ese primer trimestre se traduce en visitas regulares y urgentes al baño. El útero está creciendo y, por lo tanto, se apoya en la vejiga, haciéndonos incapaces de controlar nuestros esfínteres. Por las noches nos levantamos inesperada y frecuentemente para orinar, mientras el compañero de embarazo duerme con placidez a nuestro lado, ajeno a todas estas penurias. Nos convertimos en fanáticas de los baños. Apenas llegamos a un sitio los ubicamos para poder estar cerca de ellos e incluso se convierten en un tema de conversación favorito. Nos sentimos orgullosas de saber cuáles son los más limpios y con vehemencia rechazamos un lugar porque ese baño en especial no es de nuestro agrado. Pero no debemos desesperarnos, nos dicen los médicos y las amigas: "La naturaleza es tan sabia que te está preparando para cuando el bebé nazca y tengas que levantarte cada tres horas para alimentarlo". Pues a mí me parece que la naturaleza debía ser menos sabia y un poco más considerada, porque no hay necesidad de que si la cosa se va a poner peor te lo estén advirtiendo desde el principio.

Pero recordemos que esto de la maternidad sigue siendo un proceso natural en la vida de una mujer; por eso tampoco debemos asustarnos cuando empezamos a sentir que estamos bajo la influencia de una pastilla para la gripe o un antihistamínico.

"Era un agotamiento tan grande —me dijo una amiga— que me quedaba dormida en todas partes. La cama para mí se convirtió en una obsesión. Lo peor es cuando tienes otros hijos; yo hacía las tareas con el mayor y me quedaba dormida. Lo único que el pobre entendía era que su mamá se había convertido en un ente somnoliento. Y yo tenía que seguir funcionando igual porque no estaba enferma, simplemente embarazada."

Otra amiga, en un intento por seguir con su vida de siempre, accedió a tener sexo de nuevo. Ya estaba cansada de decirle al marido lo mal que se sentía y de que él la mirara como bicho raro. No comprendía tanto malestar si lo que le sucedía era que esperaba un hijo. Llegó a cuestionarse si no habría algo raro en su embarazo, por qué las demás podían continuar con los detalles cotidianos mientras que para ella la vida se le había convertido en un gran sueño intercalado con la sensación de mareo en un barco en altamar. Empezó a deprimirse pensando que ese barco no llegaría a puerto hasta dentro de siete meses y ella no lo soportaría. Fue entonces cuando, en un arranque de valor, decidió acceder a los avances amorosos de su marido. Pésima decisión: se quedó dormida a mitad del acto. No alcanzó a hacer nada, las caricias que antes la excitaban se convirtieron en arrullos y por más que intentaba mantener los ojos abiertos la venció ese cansancio inagotable.

En otro momento la actitud de mi amiga hubiera sido un signo inequívoco de leucemia o de cualquier otra enfermedad mortal, pero en el transcurso de un embarazo se considera algo normal.

Y es ésa quizás una de las partes más injustas de este proceso. No estamos enfermas y por consiguiente no podemos darnos el lujo de actuar como tales, o decirle a nuestro cónyuge que nos lleve al hospital porque nos estamos muriendo. Muchas mujeres se sienten culpables por no estar a la altura de eso que nos dijeron durante tantos años que era lo más natural del mundo, y se preguntan por qué más bien sienten que es el final de ese mundo.

Tampoco es muy útil buscar ayuda profesional porque toda embarazada experimentada sabe que lo máximo que puede tomar para sus males es un analgésico y eso prescrito por su médico. Pero, aunque lleves varios embarazos, siempre tienes la esperanza de que la ciencia sea más justa que la naturaleza y hayan inventado algo que te haga sentir mejor. Pues no, el médico se limitará a recordarte otra vez que tus males son propios de un embarazo y tienes que soportarlos. Es más, ojalá corras con la suerte de que todo vaya bien, porque si no es así habrás de enfrentarte a otro tipo de malestares.

Mi hermana dice que en su segunda visita a su ginecólogo éste la miró con una mezcla de ternura y compasión y le preguntó cómo se sentía.

—Fatal —contestó, negándose a hacer un inventario de sus malestares mientras su marido ponía cara de papá orgulloso.

Se quedó sentada escuchando cómo mi cuñado, que también es ginecólogo, le hacía a su colega una descripción completa de lo mal que ella se portaba y la pésima paciente que era. Salió de allí con el orgullo herido, con gotas para el vómito, dos kilogramos más desde la última cita (lo cual significaba que estaba engordando demasiado) y cinco inyecciones para su bajo nivel hormonal. Una semana después agregó a su lista de malestares unas nalgas negras por tantos agujeros y el martirio que sufría cada vez que se sentaba. Las gotas para el vómito aumentaban sus ganas de vomitar y, además de todo, tenía que empezar a cuidar su peso y alimentarse bien. Lo anterior era súper importante porque en los tres primeros meses de vida del feto se forma el tubo neural, que se convertirá más tarde en cerebro, y uno no quiere ser responsable de darle al mundo un ser humano bruto por no comer como se debe.

Empezó a desayunar hojuelas de maíz con la leche que tanto odiaba porque sabía que era lo mejor para el bebé y siguió con su vida de siempre, ahora inevitablemente acompañada de vómitos. Ésa era quizá la peor parte, pues dicha vida incluía dos hijos más en la casa y, dado que no estaba enferma sino embarazada, se veía obligada a mantener el ritmo habitual de una persona sana. "Me levantaba a preparar a los niños para el colegio. Entre una cosa y otra, corría a donde mi amigo el inodoro a darle abracitos y acompañaba a mis hijos a desayunar, rogando que terminaran pronto porque el olor de los huevos y las salchichas me asqueaba. Desayunaba y vomitaba. Tomaba mis vitaminas y esperaba veinte minutos acostada, con la esperanza de no vomitarlas. Luego me arreglaba para ir a la oficina." A partir de ese momento se sentía como la protagonista del exorcista, vomitando a diestra y siniestra: en elevadores donde el olor de la loción del señor de al lado era el detonador; en el escritorio, cuando acababa de comer; en el automóvil, porque se había mareado. No tenía control. Era una máquina ambulante productora de vómitos.

Aunque el caso de mi hermana era un tanto extremoso, las náuseas y los mareos matutinos forman parte de todo el proceso llamado embarazo. El problema es que no son tan mañaneros como nos han hecho creer y pueden presentarse a cualquier hora. Tampoco se relacionan con lo que se come, porque arremeten contra una aun con el estómago vacío. Son muchas las veces que, deseando infinitamente un platillo en especial, no se cuenta con nuestro recién descubierto olfato sensible y el solo olor de la comida detona las náuseas. De ahí que muchas mujeres embarazadas carguen con una bolsa de golosinas saladas, pedacitos de manzana verde o gajos de naranja en un intento desesperado por controlar las náuseas. Lo más triste de todo es que muchas incluso se sienten culpables de estos síntomas por aquella antigua creencia de que la mujer que los padece está rechazando a su hijo.

Sí, antiguamente se creía que, como el embarazo era lo más natural del mundo, sentirse mal por ello era un cuento psicológico, una forma de sacar el miedo y la frustración. Y, considerando que la ignorancia es atrevida, todavía hay mujeres que piensan así, sin advertir que si las causas fueran el miedo o la frustración de no sentirse bien, todas las embarazadas vomitarían hasta la bilis. Al fin y al cabo no es nada fácil traer un hijo al mundo, mucho menos cuando el trabajo lo hace una solita. Con el tiempo se ha descubierto que las náuseas son producto del exceso de progesterona, hormona masculina que prácticamente nos envenena.

Masculina tenía que ser la dichosa hormonita para hacernos la vida de cuadritos.

Bendito sea Dios, esto no le pasa a todas las mujeres y hay muchas que viven su embarazo sin sentir náuseas en absoluto; por el contrario, se enfrentan a un hambre tan voraz que arrasan con todo. La excusa de que están comiendo por dos les dura hasta que el marido las mira con cara de asco y el médico las regaña. Entonces se convierten en mentirosas oficialmente embarazadas y se esconden para comer, en un frenesí que las impulsa a salir del consultorio del ginecólogo y disfrutar todos los helados que les acaban de prohibir. Empiezan sintiéndose en el cielo por poder calmar sus ansias, para de inmediato pasar al infierno por no poder parar. Cambios emocionales y de humor sin sentido pero que, una vez más, son parte común y corriente de un embarazo.

Cualquiera con todos esos síntomas o con uno de ellos estaría más cerca de la muerte que de otra cosa y, sin embargo, son parte de esa vida que crece dentro de nosotras y nos convierte en un manojo de hormonas enloquecidas.

Mi amiga Flavia descubrió su segundo embarazo por culpa de unas botas. Ella es de esas mujeres que aman estar embarazadas pero, si bien no sufre de muchos males en ese estado, el genio se le trastoca. Por eso, cuando su marido le cambió las botas de lugar, entró en crisis y lo llamó desconsiderado y egoísta. Culminó su rabia llorando como Magdalena mientras él corría a la farmacia a comprar una prueba de embarazo. Si su mujer estaba loca era síntoma de que esperaba un hijo.

Esas mismas hormonas nos sensibilizan sobremanera hacia los olores, de los cuales dependen incluso nuestros afectos. Hay olores que no soportamos, entre ellos el de muchas personas que, dicho con sencillez, empezamos a odiar. Y como el embarazo no se asocia precisamente con la diplomacia, de súbito nos encontramos disparándole improperios a todo el que nos huela mal. Muchas mujeres se dan cuenta de que odian al marido, sin saber si es por su olor o por haberles hecho la canallada de meterlas en ese lío tan grande. Otras, con sabiduría, aprovechan para odiar libremente a la suegra (por aquello de que huele mal), y decirle todo lo que no han podido externar antes. Una forma maravillosa de desquitarse sin que el padre de la futura criatura se resienta. A fin de cuentas, todas estas emociones son parte de la gran sensibilidad que se ha apoderado de su mujer; esa misma que la hace llorar cuando se quema una tostada, que le provoca gran felicidad al ver volar a un pajarito, que la hace vivir en un constante e incontrolable síndrome premenstrual y que lo lleva a él a ser partícipe de una versión nada agradable del embarazo.

Por algún lado tenían que hacerlo. No es posible que nosotras tengamos todos los síntomas descritos y que nos veamos obligadas a dejar esas cosas maravillosas y adictivas de la vida, como el alcohol, el cigarrillo, los dulces y el café, mientras ellos siguen tan campantes. De alguna manera tenían que resultar involucrados; su papel es enfrentarse a esta mujer con múltiples personalidades, que se queja todo el tiempo y que por lo mal que se siente ha perdido hasta el apetito sexual. Deben conformarse entonces con una esposa desconocida que no saben si algún día volverá a ser la persona adorable de antes. En esta etapa muchos llegan a regalarnos la posibilidad de compartir en verdad todos nuestros pesares. Empiezan a mostrar algunos de los síntomas: náuseas, somnolencia y visitas frecuentes al baño, lo que en inglés recibe el nombre de *sympathy pains* (dolores solidarios). Traducido literalmente, dolores de simpatía. Algo así como que ellos se unen a nuestro Vía Crucis y nos ayudan cargando con uno o dos de los sintomitas. En pocas palabras, nos acompañan en nuestro dolor. Bueno, es lo mínimo que pueden hacer; fue una empresa empezada por ambos, disfrutada por ambos y todavía quedan varios meses antes de que su participación como socios mayoritarios los obligue a enfrentarse con el resultado de su inversión.

Lo que iba a mejorar

Para el tercer o cuarto mes, algunos de estos síntomas, como las náuseas, los vómitos y las ganas de orinar, deben haber desaparecido en la gran mayoría de mujeres. Pero puesto que no existe un manual y cada embarazo es distinto, otras continúan con ellos. Hay que ser realistas. Esto no es una enfermedad y por lo tanto nadie sabe qué diablos puede pasar. La cura está a meses de distancia y lo único que nos queda es rogarle a Dios que si nos va a mandar nuevos malestares por lo menos nos quite los que ya tenemos. Sí, claro, a ese mismo Dios que fue el que multiplicó los dolores de nuestras preñeces, ¿recuerdan? El que los multiplicó porque ni siquiera tuvo la consideración de hacer una simple suma, ni hablar de una división; la cosa era al por mayor.

De tal manera, no hay que aterrarse, mucho menos sorprenderse cuando las náuseas se van para dar paso a ciertos problemas digestivos. La naturaleza, tan sabia, quiere asegurarse de que las vitaminas que contiene lo que comemos se queden en nuestro organismo y para ello no encuentra mejor forma de hacerlo que dejando los alimentos un ratito más de lo normal en el estómago. ¿Resultado? Muchos gases, cientos de gases, gases que ni siquiera pensábamos que podían caber en nuestro interior y que salen por todos los orificios. Eructar se convierte en un punto gramatical, o en una coma cualquiera. Hablamos sabiendo que habrá muchas de estas pausas en nuestra conversación, seguidas del consabido "perdón", y de comentarios como: "Pobrecita, es que está embarazada". Eso disculpa que en esta etapa nos convirtamos en otro centro ambulante, ya no de vómitos sino de gases.

La permanencia prolongada de los alimentos en el estómago nos trae otro regalito: la acidez estomacal. Una amiga embarazada que nunca había tenido problemas digestivos asegura que llegó a pensar que lo que tenía adentro no era un bebé sino un fósforo encendido las veinticuatro horas del día. La cosa se puso peor cuando le dijeron la gran mentira de que eso era señal de que el niño iba a tener mucho pelo. Miró a su marido, descendiente directo del oso polar, y se puso a llorar como una condenada a muerte. Si su bebé heredaba la fecundidad capilar de su marido, ella, junto con su estómago, iban a arder en el mismito infierno. Se convirtió en la compradora más fiel de antiácidos, amaba su variedad de sabores y vivió el resto del embarazo con la boca blanca, como si hubiera comido tiza, producto de las pastillitas salvadoras.

En apariencia, durante el embarazo los males crecen en la misma medida en que el bebé se va adueñando del cuerpo. Como si no fuera suficiente con todo lo que ya una tiene adentro —bebé, placenta, líquido amniótico y misceláneas—, de pronto se nos presenta un nuevo inquilino que se niega a salir. Sí, una buena cantidad de mujeres tienen que enfrentarse a un organismo que se niega a funcionar como Dios manda y el estreñimiento hace acto de presencia, constituyendo otro de los síntomas normales de nuestra condición. El inodoro vuelve a ser nuestro amigo del alma; nos sentamos allí con la esperanza de que algo pase. Pero podemos hacer todos los esfuerzos que queramos, leer *La Iliada* y *La Odisea* completas sin lograr lo que hasta hace unos meses era parte de nuestro ritual diario.

"No te preocupes", dirá una de esas amigas que ven todo color de rosa. "La naturaleza es sabia y te está preparando para pujar durante el parto. Es exactamente la misma sensación."

Vaya insistencia de la naturaleza en recordarte que vienen tiempos peores. Eso no es sabiduría, más bien es recrearse en el dolor ajeno y restregárselo a una en la cara. Por si no fuera suficiente lo mal que una se siente porque ya ni siquiera sabemos qué tanto de esa barriga es bebé o si simplemente estamos llenas de lo que no hemos podido evacuar, hay que asimilar también la imagen horrorosa de que cuando tengas a tu hijo la sensación no va a ser bonita, sino casi como una difícil y dolorosa ida al baño. Lo más seguro es que en ese momento alguien experimentado en estas lides de la maternidad te aconseje que no pujes demasiado, ni le pongas tanto ahínco a la eliminación, porque podrías tener un nuevo e inesperado inquilino en tu cuerpo.

"Un gajo de uvas —me dijo una amiga—. Un gajo de uvas se me estaba saliendo por donde te dije y ya no sabía si estaba botando parte del bebé, si me estaba desflorando toda, o si el niño estaba presionando algo adentro y mis intestinos se me salían en forma de uvitas."

Por supuesto, visita obligada al ginecólogo. Le cuentas aterrada lo que te está pasando, creyendo que tienes el mal más extraño del mundo, una enfermedad incurable, y él te mira con cara de consideración. Vuelves a escuchar la frase maldita: "No es nada extraño, pasa durante el embarazo", mientras la vergüenza por lo que te está colgando se convierte en vergüenza, sí, pero por haber armado tal lío de algo tan normal como un gajo de uvas creciéndote en el ano.

De pronto tu terrible secreto empieza a parecerse a un marido infiel. Cuando mencionas la palabra hemorroides descubres que era de conocimiento público y que muchas de tus amigas con hijos lo sabían y hasta lo habían padecido, pero omitieron decírtelo. Viene a tu mente el comercial de televisión con una modelo famosa hablando de ese padecimiento, pero se te confunden las virtudes de la Preparación H con una crema buenísima para desinflamar el área alrededor de los ojos. No te queda más remedio que empezar a usarla en silencio y tomar los bañitos de agua caliente, porque la única realidad es que tu recién adquirida dolencia gráficamente no es nada agradable para tus amigas y mucho menos para tu marido. Lo más seguro es que el tipo ya esté un poco cansado de tus padecimientos y preguntándose en qué momento algo tan hermoso como tener un hijo se convirtió en este rosario interminable de males. Tú, a la vez, sientes que con las deformaciones físicas es suficiente, para también hablarle de cosas que se te están saliendo por otros orificios y que no son precisamente su esperado hijo. Te consuelas diciéndote a ti misma que por lo menos ya no vomitas como antes, que ya no buscas los baños desesperada y que esta nueva etapa es sólo como aquella en la que imaginabas tener una moneda dentro de tu cola y la apretabas para que se te endurecieran los músculos. Los otros síntomas que han empezado a molestarte, como esos dolorcitos de cabeza, las encías sangrantes que han teñido de color rosa tu cepillo de dientes, y la hinchazón de los pies, no te tirarán en una cama. Todas las mujeres del mundo han sobrevivido a esto y tú no vas a ser la excepción.

El más feliz con este cambio es el marido, que siente que ha recuperado en parte a aquella adorable mujer y recuerda con placer las razones por las que estuvo haciéndole el amor en una cama hace cuatro meses. Y aunque ella no lo pueda acompañar con eso de los tragos o el cigarrillo, por lo menos ya puede llevarla a un restaurante y volver a la vida social a la que estaban acostumbrados. Una también se come el cuento de que "estamos de vuelta" y se sienta en el restaurante, rogándole a Dios y al bebé que sea una noche como las de antes. No importa que la ensalada que se nos antoje sea una de tomate con aderezo de mostaza y un poquito de vinagre. Le explicamos al mesero cómo se hace mientras el marido nos defiende ante el mundo con un:

"Está embarazada". La mesa entera se conmueve y las mujeres te preguntan solidariamente: "¿Cómo te sientes?" Por supuesto, como mujer que se precie, hablas bien del embarazo y de la ilusión que te embarga. Lo más seguro es que alguna de las experimentadas te pregunte si ya se mueve y si es tu primer embarazo; en ese momento entras en un pánico total al pensar que no has sentido moverse al bebé. ¿Estará bien? En la última cita el médico me dijo que estaba perfectamente; en la ecografía se veía completito, se parecía a ET, pero se le sentía el corazón. Ay, Dios mío, que esté bien. Tus pensamientos son interrumpidos por el pescado que pidió el socio de tu marido y esas náuseas que sabes que no vas a poder controlar. No entiendes cómo puede ser tan desconsiderado y no comprender que no se debe ordenar pescado cuando en la mesa hay una embarazada. Disimuladamente vas al baño, intentando caminar lo más pausado que puedes y aguantando en la boca el vómito. Recuerdas que es un baño desconocido y que no sabes quién lo lavó ni quién estuvo antes que tú. Decides que el lavamanos es la única alternativa y ves caer todo entero como si ni siquiera lo hubieras masticado. Por lo menos te sientes mejor. Limpias el cuerpo del delito, te lavas y pintas la boca, y sales como si no hubiera pasado nada. Ya en el automóvil, tu marido te dice en tono condescendiente: "Viste, no estuvo tan mal, es cuestión de hacer un esfuerzo". Respiras hondo porque te gustaría matarlo, pero ése ya es otro síntoma de que estás embarazada: las ganas que tienes a veces de que desaparezca el padre de tu futuro hijo.

De pronto también descubres que otro tipo de ganas, aquellas que te llevaron al estado en que te encuentras, han regresado. De haber pensado en matar a tu marido en el auto pasas en un instante a querer hacerle el amor. Después de meses de no tener ánimos ni para levantar una mano, ahora sientes deseos sexuales. Los expertos afirman que es normal y, debido a lo sensible que están las mujeres, es en esta etapa cuando muchas llegan a experimentar orgasmos múltiples. Aquellas que no conocían ese tipo de placer lo descubren a través del embarazo y por supuesto se convierten en adictas del recién estrenado hallazgo. Es como una pequeña luz en este túnel de malestares denominados síntomas, que brinda algunos momentos de felicidad a muchos hombres ya resignados a una dieta eterna y que sorpresivamente encuentran una respuesta afirmativa a esa pregunta que los venía atormentando: "¿Será que alguna vez volvamos a tener sexo?" Pero entonces sucede que algunas mujeres deben enfrentarse a ciertos temores masculinos difíciles de entender. Para nosotras el tener algo adentro que está creciendo, sacando uñas, pelo, cejas, ojos y dedos es natural. Así lo asumimos, es lógico, porque si no el hecho solo, desprovisto del sentimiento maternal que conlleva, es aterrador. Lo llevamos en nuestra barriga y es parte del proceso de dar vida a un nuevo ser. Ellos están más conscientes de la existencia de una persona en nuestro cuerpo y aunque la ilusión de ser papás es un *menage a trois*, no está resultando como se lo imaginaban.

El esposo de una amiga fue ignorado durante dos semanas por no poder cumplir con sus tareas conyugales después de una visita al ginecólogo con ella. De nada le valió intentar explicarle que después de haberlo visto en la pantalla, de mirar sus ojitos, su boca y verlo chuparse los dedos, en el momento de hacer el amor no pudo evitar imaginárselo mirándolo y preguntándole qué hacía allí, por qué invadía su espacio, mientras sentía cómo se encogía de vergüenza ante su hijo. Estaba seguro de que necesitaba un psiquiatra porque a sus amigos no les había sucedido nada parecido. Cuando mi amiga decidió que ya era hora de que existiera otra vez lo volvió a llevar al ginecólogo para que le explicara que no había nada de malo en hacer el amor, que el bebé no se daba cuenta y que tampoco le iba a hacer daño con la penetración. Poco a poco, él se fue despojando de sus miedos sin necesidad de un psiquiatra. Quien sí creía necesitarlo, y a gritos, era ella.

EMBARAZADA Y LOCA, LA MISMA COSA

Todos esos malestares físicos son suficientes para que una persona acaricie la locura, pero como si no bastara con ellos, el relajo hormonal que genera un embarazo nos convierte en un ser totalmente desquiciado. La gente que nos rodea intenta armarse de paciencia para poder manejar los cambios de humor que nos aquejan. El pobre marido, que ya en este momento no entiende nada, tiene que sacarnos con urgencia de los restaurantes porque nos parecía que las cosas ahí no olían bien. Las amigas y la familia deben acostumbrarse a que la hora de comer es tal y si no llegan a tiempo se encuentran con una serie de improperios y acusaciones por su falta de consideración, causante de que debamos enfrentar la acidez y los gases.

Por si fuera poco, todos alrededor están obligados a bailar al ritmo del monotema: el bebé, el tamaño del bebé, la ropa del bebé, el cuarto del bebé, sin derecho a interrumpirnos. La idea es hablar de todo el proceso: de lo que estamos sintiendo; de los libros que hemos leído al respecto; de que el bebé ya se está moviendo o que tiene hipo, como si fuéramos la primera y única mujer que ha estado embarazada en la vida; no importa si las amigas o familiares —o una misma— ya hayan pasado por la experiencia.

El monotema se apodera de nuestras vidas y todo lo demás deja de existir. Soñamos despiertas con el bebé, visualizamos su carita y empezamos a imaginar: "Ojalá tenga el pelo de mi hermana, la sonrisa de mi mamá, los ojos de mi cuñada", y entramos en pánico al sólo pensar que se pueda parecer a la suegra. Nos embobamos con las cosas que hemos comprado y, como si regresáramos a la época de las Barbies, sacamos todos los vestiditos y lo ajuareamos mentalmente antes de que nazca.

Como si el bebé hubiera invadido nuestro cerebro, devorando todas nuestras neuronas, empezamos a perder la cabeza. Nos subimos al carro para descubrir diez minutos después que no tenemos ni la menor idea de hacia dónde vamos; buscamos desesperadas los lentes que están acomodados a manera de diadema en la cabeza; vamos al supermercado y olvidamos comprar lo de la lista, pero eso sí, trajimos todo lo que no sirve para nada; incluso llegamos al colegio del ahora nuestro hijo mayor para descubrir que no estaba en el asiento de atrás como pensábamos: a esa criatura adorable que amamos más a que todo en la vida, la dejamos olvidada en casa.

Según mi amiga Teresa, ésta es una etapa en la que si no estuviéramos embarazadas, podríamos decir que tenemos Alzheimer, dislexia y un desorden de atención digno del Ritalin más fuerte. Para ella, que adoraba leer, los libros parecían escritos en chino. Leía, leía y leía páginas que nunca registraba. Tomó la decisión de concentrarse en cosas más livianas, pero hasta la revista *Hola* era demasiado intelectual para ese cerebro que parecía haberla abandonado. Iba a ser una mamá bruta, estaba convencida de ello, y con el tiempo le tocaría aprender a leer y a escribir a la par de su hija. El embarazo se había comido todos sus conocimientos y ya ni con los dedos era capaz de sumar dos más dos.

En el embarazo no se suman números, sino desórdenes, tanto físicos como emocionales. No poseemos control de nuestro cuerpo, mucho menos de nuestras emociones. Es como si un síndrome premenstrual nos invadiera durante meses y todo se convierte en motivo de llanto. Lloramos por el comercial de los papás que descubren el embarazo en una de esas pruebas caseras; nos enternecemos hasta las lágrimas por la señora que se ganó el coche en un programa de concurso; nos disgustamos porque el marido llegó cinco minutos después de lo acordado, y hasta la mirada de tu madre te llena de una emoción infinita, sin que puedas evitar sentir un agradecimiento inesperado por todo lo que ha hecho por ti. Por supuesto que ni te acuerdas de la última discusión que tuviste con ella y de lo agradecida que estuviste en ese momento de que madre hubiera sólo una, porque no hay quien aguante a dos.

El mundo se convierte en un lugar donde sólo existen bebés y mujeres embarazadas. Los buscas por todas partes, preguntas cuántos meses tiene el niño y en cuanto te encuentras con otra en tu mismo estado casi sientes que es tu hermana del alma. Puedes hablar con ella durante horas aunque no la conozcas; tienen todo en común: te entiende a la perfección, comparten lo mismo y hablan ese idioma de semanas de embarazo, de síntomas, de miedos e ilusiones que los demás parecen no captar. Te crees parte de una secta de incomprendidas y sientes un nudo en la garganta al saber que hay otras mujeres que como tú han perdido la cabeza y que entienden a la perfección que no estás de necia: simplemente las cosas te urgen y son los demás los que se han vuelto lentos e irritables.

En especial ese señor que duerme contigo y que te dijo que iban a compartirlo todo desde el primer día del embarazo, y resulta que ahora se enfurece porque tú quieres una hamburguesa del restaurante tal a las dos de la mañana. Ese mismo que no entiende que es de vida o muerte darle un nombre al niño antes de que amanezca y que cuando te pones a llorar por su falta de interés y participación en este embarazo te dice que por todo armas un drama. El que te regaña todo el día porque esos chocolates que comiste no son un buen alimento para el bebé y que la semana pasada tuvo el descaro de decirte que el resto del mundo estaba invadido de mujeres embarazadas y que él no oía a ninguna quejarse tanto como tú. Desgraciado, desconsiderado, egoísta; además de que le estás sirviendo de incubadora, que fue él quien te metió en este lío y que va por el mundo con el orgullo de que va a ser papá, ahora es tan imbécil que piensa que tú te quejas porque no encuentras nada mejor que hacer y que tus antojos, según la revista que leyó, son psicológicos.

Crece dentro de ti un odio infinito hacia el padre de tu hijo y lloras desconsolada, pensando que la vida es injusta y que precisamente ahora que van a tener un bebé ya no vas a ser capaz de seguir viviendo con él. Alguna integrante del club de las experimentadas te dirá que ese odio es apenas el principio; que esperes a que estés con los dolores de parto para que sepas lo que es aborrecer a alguien con las entrañas; que después, aunque en este momento te parezca mentira, lo vas a volver a adorar y hasta agradecerás que de ese inmenso amor haya nacido esa criatura sana y maravillosa. (Lo más seguro es que esto de que lo vuelvas a querer te entre por un oído y te salga por el otro.)

Las palabras de tu amiga detonaron uno de los grandes temores de las embarazadas: que el bebé no venga bien. Ese pánico incontrolable que te desvela por las noches al sólo pensar que le pueda pasar algo, que no esté completito, que en la última ecografía el médico se haya equivocado cuando le contó los dedos, que esas dos horas que llevas sin sentirlo puedan significar lo peor. Si es el primer embarazo, sentirás una angustia inexplicable, pues este miedo es el descubrimiento de algo que sólo puede ser descrito por las mujeres que ya han sido madres: la sensación de que si a un hijo le pasa algo no les queda más remedio que morirse, porque el solo pensamiento es insoportable. Entonces nace en ti esa fuerza inagotable que te llevará a sentarte durante horas al lado de la cuna para cerciorarte de que el bebé está bien; a ponerle un espejito debajo de la nariz para tener plena seguridad de que está respirando; a querer matar al sobrinito que le pegó; a odiar sin clemencia a esa profesora bruja que dijo que el niño tenía problemas de aprendizaje, y a considerar que no han nacido el hombre o la mujer dignos de casarse con tu retoño.

Ese amor sin medida crece con el miedo, sobre todo al ver a niños con problemas en el supermercado, en el centro comercial, en el aeropuerto. Es como si de pronto aparecieran ante ti, como por arte de magia, todas las criaturas con síndrome de Down o los niños en sillas de ruedas, y llegaras a pensar que si no se trata de un complot en contra tuya seguramente es una señal del cielo y tienes, como sucede con todo lo tuyo en ese momento, que regresar con urgencia con el ginecólogo. Quieres hacerte todo tipo de exámenes y aunque te digan que todo está bien, ya entraste en la senda de la eterna preocupación que viene con la maternidad y que no es un síntoma pasajero. A partir de entonces, el miedo por el bienestar de tus hijos será un compañero inseparable hasta el fin de tus días.

Pero no es suficiente con que estemos preocupadas por lo mal que nos sentimos, por la salud del bebé y hasta por el hijo de esa señora que vimos en el noticiero y que necesitaba un transplante. Encontramos en todas partes motivos de preocupación que empiezan a crecer junto con ese hijo que llevamos dentro.

Los miedos son parte de cualquier forma de locura. Y como ya para este momento es un hecho ineludible que estamos experimentando el síndrome de personalidad múltiple, unido al premenstrual que se instaló en nosotras para siempre, es normal sentir pánico. Al fin y al cabo hay un bebé creciendo en nuestro interior, apoderándose lentamente de nuestro cuerpo, cambiando nuestra silueta, nuestras hormonas y, como si fuera poco, tenemos la seguridad de que nuestra vida va a dar un giro de trescientos sesenta grados. El solo hecho de pensar que vamos a ser responsables de esa criatura mientras tengamos vida es suficiente razón para atemorizarnos.

Yo creo que muchos de estos miedos forman parte del exceso de información y tecnología al que nos hemos visto expuestos en las últimas décadas. En la época de nuestras bisabuelas, abuelas y hasta de nuestras mamás, la experiencia de tener un hijo iba acompañada de mucha resignación. Ellas salían embarazadas y lo sabían porque se les iba el periodo; el médico se los confirmaba cuando el sapo moría —antes de existir la prueba de embarazo, le daban a un sapo a beber la orina de la presunta embarazada; si el sapo moría, el resultado era positivo— y a partir de ese momento se dedicaban a esperar sin saber a ciencia cierta qué iba a pasar. No existían visitas mensuales al ginecólogo, no había ecografías, menos aun amniocentesis para saber cómo venía el bebé. Cuando empezaban los dolores, llamaban a la partera o al médico y en ese momento se enteraban de si el niño traía el cordón alrededor del cuello, o si venía de pie o le faltaba algo. Por supuesto que también rezaban por que fuera saludable, pero como no existía forma de saberlo, se resignaban a no saber y dejaban todo en las manos de Dios. Si perdían el bebé, no era motivo de caos, no se traumatizaban, ni empezaban a culparse. Guardaban su luto, se conformaban con lo irremediable, sin cuestionarse las razones; algo tan simple y sencillo como que así era la vida. La ciencia no daba para más y hablaban de sus pérdidas como parte de un proceso, sin que los ojos se les llenaran de lágrimas y sin ponerse trágicas, como haría cualquier mujer hoy día.

Tampoco les preocupaba mucho la deformación que sufrían sus cuerpos. Eran aquellos maravillosos tiempos en los que la carne sobre el hueso era el mejor aderezo, y cuanto más entrada en carnes estuviera una mujer, más hermosa era. No había hecho su aparición la inglesa Twiggy con su figura esquelética que cambió para siempre los cánones de la belleza femenina y nos obligó a partir de entonces a matarnos de hambre. Así que nuestras abuelas engordaban felices en su estado de nueva esperanza y no se preguntaban si recuperarían su figura. Por el contrario, le estaban metiendo más gracia al asunto y se ponían más frondosas para unos maridos que gozaban con la celulitis y las lonjitas tan devaluadas en la actualidad.

Del miedo al parto ni hablar, porque ellas no podían temer a algo tan natural como dar a luz. Mucho menos cuando era un tema totalmente desconocido. En esa época la ignorancia era la mejor arma de la mujer y como no sabían, pues no se preocupaban. Era de mal gusto hablar de esos temas y había tanta discreción, dicen mis abuelas, que nadie les pasaba información al respecto. A mí esto me parece raro porque, hay que ser realistas: la discreción no es de nuestras mayores virtudes. Sin embargo, mi abuela Rosa afirma que, así como nadie te hablaba de la primera noche de casados y llegabas a ella con total desconocimiento de causa, de igual forma quejarte o comentar sobre el parto no era cosa de damas. Ya para el segundo o tercer parto se amparaban en esa hormona de la que se habla en la actualidad y que te hace olvidar ese horrible trance en el instante en que te ponen a tu bebé en los brazos. Volvían a recordar lo que era un parto con la primera contracción, pero ya era demasiado tarde para echarse para atrás. Era la época en que muchas mujeres morían trayendo un hijo al mundo y también esto era normal. Nadie les rendía tributo por haber perecido defendiendo el derecho a la vida, ni las homenajeaban con una estatua que les diera el lugar de mártires, como a aquellos que morían defendiendo algo aparentemente mucho más importante: la Patria.

Y ni meterse en camisa de once varas cuestionándole a las mujeres de entonces el miedo a sus capacidades maternales. Cuando le pregunté a una de mis abuelas si ella había sentido miedo de no ser una buena madre, arremetió contra mí ofendida:

—¿De qué hablas, niña? Si nacimos para eso. ¿Por qué no iba yo a ser una buena mamá? Ése era mi trabajo en esta vida y además ¿qué tiene de complicado? Una es una buena mamá porque sí, sabe lo que tiene que hacer porque sí y punto.

—Bueno, abuelita, no te pongas así. Te lo pregunté porque ahora muchas mujeres quisieran saber si van a ser buenas madres, cómo van a criar a los hijos, si están haciendo un buen trabajo, y yo quería saber si tú te habías sentido igual.

—El problema de ustedes es la preguntadera, para todo quieren tener respuesta y hay cosas que son así porque sí. Las mujeres ahora quieren saberlo todo, quieren ser profesionales, quieren trabajar y piensan entonces que también lo de ser mamá lo tienen que aprender. Eso no se aprende, pero claro, nadie puede hacer un buen trabajo si está empeñado en hacer otras cosas. No, hijita, es que no se puede estar en misa, repicar las campanas y llevar el santo en la procesión.

Ahora la ofendida era yo. En pocas palabras, para mi abuela mis preguntas podían contestarse con aquel refrán: "El que mucho abarca, poco aprieta", y además sentía añoranza por una época que no me tocó vivir, pero que, según ella, era mucho más fácil desde el punto de vista emocional. La había visto durante años balanceando en su mecedora la certeza de haber cumplido con su deber, de haberle entregado a la vida lo que se esperaba de ella, sin cuestionarse nunca su papel como madre o esposa, mientras nosotras, las mujeres de ahora, las que hemos avanzado después de la llamada liberación, vivimos balanceando tantos miedos que no hay pata de mecedora que nos aguante ni siquiera el arranque.

Nos preocupamos por muchas cosas, que van desde lo más frívolo hasta lo más profundo, y en el gigantesco desbalance hormonal que ocasiona el embarazo es lógico que por cualquier angustia armemos una tragedia. Es una señal inequívoca de nuestra vulnerabilidad ante la salud de nuestro hijo por los siglos de los siglos, amén. En cuanto nace y lo vemos completito, la preocupación se transforma en miedo de que le pase algo, de que no esté respirando, de la llamada "muerte de cuna", de que agarre una gripe, de que le den cólicos. Gracias a Dios, con el avance de la ciencia, durante el embarazo se pueden realizar muchos exámenes que nos dicen cuál es el estado de nuestro bebé. Los otros miedos los cargaremos de por vida bajo el principio básico de que si nuestro hijo no es feliz, pues tampoco lo seremos nosotras.

Sin embargo, hay otro miedo que no comparten todas las mujeres: el de estar convirtiéndose en un ser horroroso y desproporcionado. Muchas aseguran haberse sentido hermosas, felices y en estado ideal durante un embarazo. Mis respetos para ellas porque, o tienen una seguridad descomunal en sí mismas, o están ciegas, o simplemente le encuentran gracia a todo en la vida. A mí me cuesta mucho trabajo creer que el irte inflando, llenando de estrías, con celulitis hasta en los dientes, con várices y con la cara manchada como si leyeras periódicos las veinticuatro horas del día, posee alguna gracia. Pero hay que darles crédito por su capacidad para ser ilusas. También hay que envidiarlas porque seguramente son ellas a las que los maridos encuentran adorables durante el embarazo.

Como dice una amiga mía: "¿No te das cuenta de que todos esos hombres que dicen encontrar sexis a las mujeres embarazadas no son nuestros maridos?" Pues sí, siempre son los maridos de otras, porque una gran mayoría tiene que enfrentarse al hecho de que con esa barriga no se sienten para nada deseables.

Al fin y al cabo, vivimos en una sociedad en la que estar flacos es lo máximo y en la que tener un bulto saliéndote del cuerpo —que no es precisamente pechos o trasero— no sigue los cánones de belleza establecidos. Para colmo de los males, la ropa de maternidad no ayuda, mucho menos la interior, porque es muy difícil sentirse deseada con esos calzones matapasiones y esos brasieres que con el paso de los meses se asemejan mucho a una hamaca.

Nos invade la culpabilidad por estar preocupadas con tantas frivolidades cuando lo importante es el bebé, la salud del bebé y hacer las cosas como se debe. Y aquí viene otra cuenta más del rosario de pánicos que sentimos: el miedo de que por nuestro mal comportamiento le estemos haciendo daño a nuestro hijo, por ejemplo, por haber comido algo de más, o por esa copa de vino que tomamos en un momento de debilidad, o por haber calentado la leche en el microondas. A ello hay que agregarle que debemos enfrentar a esa gente que no tiene nada mejor que hacer que entrometerse en la vida ajena. Si estamos en el salón de belleza, intentando recuperar con un tinte un poco de la dignidad de nuestra cabellera, que ya no tiene raíces sino nuestro propio árbol genealógico, es de esperarse que cualquier desconocida nos haga mala cara y nos hable de la forma en cómo esos químicos están llegándole al bebé y convirtiéndolo en un ser idiota. No sólo salimos de ahí sintiéndonos la peor de las mujeres sino que hemos de conformarnos con esas raíces que nos acompañarán hasta el final del embarazo.

El cabello, que era la única zona del cuerpo que nos quedaba para sentirnos un poquito bellas, acaba de entrar en la cadena de los noes. Ahora sí que no va a haber chance de que el marido filme el parto, cuando la protagonista principal está inflada, adolorida y además con una raíz del tamaño de una carretera interestatal.

Si estás en un restaurante pasándola bien, no faltará quien se tome la molestia de mirarte mal por esa copita de vino que disfrutas como si fuera agua en un desierto. Cada ginecólogo tiene sus reglas respecto al alcohol y algunos lo permiten, pero eso no importa porque se ha entrado en el camino de las prohibiciones durante el embarazo y hay gente especializada en ir por el mundo buscando a las embarazadas para hacerles saber lo que están haciendo mal. La peor parte es cuando una de esas personas es nada más y nada menos que el propio marido. Sí, él, que decidió participar en la maternidad sólo para fastidiarte con lo mal que te portas y lo poco considerada que eres como incubadora de su hijo. Ese futuro padre que te regaña porque no tomas leche, por comer un dulce de más, por cargar cosas pesadas, porque se te olvidó tomar la vitamina prenatal. Es muy difícil explicarle que estás dejando todo en ese embarazo, hasta la memoria, y que haber olvidado la vitamina no es nada comparado a haber olvidado a tu otro hijo en el supermercado, porque eso te ha despertado un miedo adicional: el de no ser actualmente una buena madre.

Este temor es consecuencia de otras experiencias: ya sea porque tu madre ha sido una magnífica madre, o porque no lo fue, o porque si no eres primeriza ya has empezado a sentir los efectos de que más de un hijo es demasiado.

Muchos libros sobre el embarazo recomiendan enfrentar este miedo poniéndonos en paz con nuestra propia madre. Como si no fuera suficiente con todo lo que estamos pasando, nos aconsejan mirar a nuestras progenitoras con madurez y hacer, entre malestar y malestar, un estudio psicológico sobre su influencia en nuestras vidas.

Sería ideal que los bebés llegaran con un manual como el de los aparatos eléctricos, con todas las instrucciones y hasta con ese maravilloso ciclo de autolimpieza (*self-cleaning*) que traen ahora los hornos. Pero no, la maternidad, como el amor, son actos de fe y nadie en su sano juicio se metería en estos líos si con antelación le dijeran todo lo que implica tener un hijo o amar a un hombre. Por el contrario, saldría una corriendo.

Es lógico que cuando faltan sólo semanas para que tengas a tu bebé en los brazos te preguntes si vas a poder con el trabajito. Nadie acepta un trabajo sin cuestionar sus habilidades, sobre todo cuando sabes que es para toda la vida. También es lógico que retrocedas en el tiempo, a tu niñez, cuando tú eras la hija y la mamá era otra. Al fin y al cabo aprendemos este tipo de comportamientos a través de ejemplos y vivencias, y la única referencia clara sobre el tema te la da tu propia relación con tu madre. ¡Qué horror! Pues sí, lo más seguro es que cometamos los mismos errores que nuestra progenitora y que al final terminemos repitiendo las mismas palabras, regañando de la misma manera y pareciéndonos a ella. Nos queda el consuelo de que nos pasa a todas y en mi caso, la certeza de que si llego a convertirme en una madre como la mía habré hecho un buen trabajo. Después de todo, tengo mis traumitas, pero hasta el momento no he necesitado un psiquiatra, ni drogas, ni alcohol para huir de la vida que me dio.

Para las que no son primerizas, el miedo a no ser una buena madre tiene que ver más con la multiplicación del trabajo que con el trabajo en sí. A estas alturas ya han aceptado que se están convirtiendo en sus propias madres; ya han leído todo tipo de libros sobre la educación de los hijos y han llegado a la conclusión de que los escritores no tienen ni la menor idea de lo que es educar; de hecho, lo más seguro es que ni tengan hijos. En cambio, ellas saben por experiencia propia que cada niño es distinto. Para estas mujeres el miedo es transitorio y sus verdaderos motivos son las tribulaciones del embarazo y no darles a los otros hijos el cien por ciento de atención y afecto al que están acostumbrados. Conocen su responsabilidad para con esas otras personitas que requieren amor, cariño y cuidados y no encuentran los ánimos ni la fuerza para dárselos. El problema aquí no reside en si podrá ser una buena madre, sino si podrá seguir siendo la misma mamá. Mi sobrino de cinco años le preguntó a mi hermana después de semanas de estar escuchando "...no puedo porque no me siento bien; no puedo porque no debo hacer esfuerzos; no puedo porque me dan ganas de vomitar...": "Mami, ¿será que mañana sí vas a ser la mamá de antes?"

Ácido para la herida de la culpabilidad tan latente en estos momentos. Mi hermana rompió en llanto, haciéndose la misma pregunta, pero no en cuanto al mañana, sino para el resto de la vida. Bendito sea Dios, estos miedos son parte de los desequilibrios del embarazo y lo único que se tiene asegurado es que, por muy buena madre que una sea, es casi seguro que en la adolescencia nos odien, que probablemente a los treinta y cinco el psiquiatra les diga que la culpable de todas sus penurias es su madre y que algún día Dios los castigará con las mismas preguntas, miedos y dudas, cuando decidan ser padres. Por el momento hay otro miedo más urgente e inminente que se nos viene encima: el horror al parto.

Nos han dicho que el dolor es más fuerte que un dolor de muela, que los cólicos no son nada comparados con este dolor de parto, que es lo más horrible sobre la Tierra. Si es la primera vez, el desconocimiento infunde miedo y si no lo es, el simple recuerdo nos atemoriza. Ya para este momento una se ha convertido en una antena parabólica que sólo recibe señales de otros partos. Como la idea es volvernos trágicas, solemos recordar los más terribles: aquellos que duraron más de treinta horas; aquellos en los que la anestesia epidural no le agarraba a la señora y hubo que inyectársela varias veces; aquellos en los que fue necesario inducírselo y la mujer creyó que todo su cuerpo se estaba reventando; aquel que vimos en las noticias cuando al anestesiólogo se le fue la mano y la señora quedó paralizada para siempre. Historias que nos llevan a pensar que no vamos a poder con el parto. Hasta ahora hemos aguantado estoicamente todos los síntomas y malestares, creyendo que en algún momento nos íbamos a morir, pero estamos seguras de que el trance del parto está fuera de todo tipo de resistencia de nuestra parte.

Escuchamos a nuestra mamá diciendo que ella nos tuvo por parto natural, que se mordió un trapo como toda una valiente y nos dio la vida. Confirmamos entonces que somos unas cobardes y no entendemos cómo ella pudo ser tan fuerte. Cuestión de ignorancia, porque ya en esta etapa del camino hemos comprobado que lo de parto natural ha sido un mito para que lo soportáramos todo sin quejarnos. Para eso ha avanzado la ciencia, para que cuando algo tan natural como un huracán esté por llegar nos encontremos prevenidos, coloquemos los páneles de seguridad y evacuemos la zona. Ni modo, a la hora del parto no podemos huir, pero sí podemos recurrir a la epidural y a todos los descubrimientos de la ciencia sin sentirnos débiles e incapaces. Hay que tener presente siempre que la ignorancia no sólo es atrevida, también es inconsciente.

SÁQUENME ESTA COSA DE ADENTRO

Ya para el séptimo mes la capacidad de aguante de cualquier mujer ha llegado a su punto crítico. Ni un enfermo de cáncer terminal con todos sus síntomas demora más de seis meses en esta vida; y sin embargo, a Dios, con eso de la multiplicada, no se le ocurrió mejor número que el nueve. A la acidez constante se le agregan el flujo, los dolores de cabeza, los calambres en las piernas, la hinchazón de los tobillos y los pies, las venas varicosas, la comezón en la barriga, las manchas en la cara, la falta de aliento, la dificultad para dormir, el calor excesivo, el estreñimiento acentuado y, ya para el final, unas contracciones con nombre propio: Braxton Hicks. Pero es sabido que uno hasta a lo malo se acostumbra, por lo que muchas embarazadas afirman que en cuestión de malestares los últimos meses son mejores, pero en cuestión de incomodidades son mucho, pero mucho peores.

Esta situación es bastante lógica si se tiene en cuenta que el útero ha aumentado su volumen quinientas diecinueve veces, y encima se da el lujo de cambiar de forma y consistencia, en lo que los libros de ginecología describen como pasar de ser una pera, a ser globoso, después ovoide y terminar en curvo. Además, el volumen sanguíneo se incrementa en un treinta y cinco por ciento, y la frecuencia cardiaca también aumenta entre quince y veinte latidos por minuto, lo que nos obliga a vivir con una taquicardia constante. El sistema urinario también decide entrar a jugar su parte en esto del tamaño y aumentan el volumen renal, provocando la dilatación de la pelvis y los uréteres, lo que nos lleva a no aguantar ni una gotita de orina dentro del cuerpo y vernos obligadas a sacarla con carácter inmediato. Al fin y al cabo, no necesitamos más agua dentro de un organismo que de por sí ya está reteniendo entre seis y ocho litros de líquido. Pero no todo aumenta, porque eso sería demasiado bonito y conveniente; el sistema gastrointestinal se vuelve mucho más lento, ocasionándonos más estreñimiento, más gases, más acidez y un cambio en el PH de la saliva que tiene un resultado nada agradable: las caries.

Menos mal que de ninguna de esas cosas somos conscientes, porque la verdad es como para echarse a correr de sólo pensar que todo eso está ocurriendo dentro de nuestro cuerpo, agregándole además un ser humano completo con pelo, uñas, manos, ojos y pies, que está empeñado en hacer notoria su presencia a punta de patadas y codazos. Una personita que dejó de ser un feto, creciendo dentro de una barriga hasta el punto de que han transcurrido varias semanas en que no vemos nuestras extremidades inferiores mientras estamos paradas. Gracias a Dios, porque no es nada agradable la imagen de nuestros tobillos y pies transformados por un caso de elefantiasis aguda, que nos infló la barriga de tal manera que ya no hay forma de agacharse y mucho menos de sentarse o caminar cómodamente.

Como dice una amiga mía: "Ese último mes, por si fuera poco, nos convertimos en unas minusválidas torpes e incapaces de cualquier cosa".

Atrás quedaron los tiempos en los que ir al supermercado con la lista de compras era tan simple como ir metiendo las cosas en un carrito, pagarlas y llevárnoslas a casa. Sería maravilloso que en esta etapa, en la medida en que la barriga crece, también los brazos se nos alargaran, así se nos facilitaría empujar un carrito que ahora está a una barriga de distancia. Y ni hablar de esos productos que alguien, sin ningún tipo de consideración hacia las embarazadas, colocó en la parte de abajo de los estantes. Nos enfrentamos entonces a un obstáculo sin precedentes en nuestra vida: no podemos alcanzar el arroz; por más que tratamos, la barriga no nos deja y con la impotencia eclipsándonos el orgullo, miramos alrededor buscando a un buen samaritano que note nuestra condición para ver si es posible que la próxima semana la familia pueda comer arroz. ¿Conducir? Imposible. Ya está claro que los brazos no nos han crecido en proporción a la barriga y es un hecho que ésta no cabe entre la silla y el volante; no hay forma de echarse para atrás y alcanzarla, así que no queda de otra que empezar a depender de los demás, como si fuéramos lisiadas.

Es aquí cuando una se despoja de toda dignidad, como le pasó a una amiga mía que vivía en un clima helado y tenía que ponerse medias veladas o pantimedias. El ritual empezaba con ella sentada en la cama, esperando a que su marido saliera del baño. Le extendía las medias y él se arrodillaba frente a ella, se las subía lentamente hasta la cadera, ella se ponía de pie y se las ajustaba, sintiendo que había llegado al punto más bajo de su autoestima.

Y es que hasta el simple acto de bañarnos se convierte en una elección de palabras. Esperamos habernos lavado bien nuestras partes íntimas, porque la verdad es que hace días que las localizamos a tientas debajo de esa montaña que se interpone en el camino. De los pies ni hablemos, ojalá que el agua enjabonada que les cae encima sea suficiente para matar los malos olores. Sentarse y pararse dejan de ser actos comunes, ahora hay que premeditarlos, agarrarse de lo que sea para lograr depositar o levantar nuestro cuerpo de cualquier silla. En pocas palabras, ya no cabemos ni en nosotras mismas y todavía falta un mes. Un mes lleno de incomodidades que nos harán gritar en algún momento: "Me urge que me saquen a este bebé" con una desesperación salida de esas entrañas que de tanto cambio ya ni siquiera sabemos dónde están.

Por supuesto, en ese último mes, con aquello de que la capacidad pulmonar disminuye en un cinco por ciento y la burbuja en la que está viviendo el bebé empuja el diafragma hacia arriba cuatro centímetros, es más que comprensible que una llegue a pensar que la capa de ozono de la Tierra se acabó del todo. No hay aire, o por lo menos el que existe no está llegando a nuestros pulmones; además, el calor que sentimos es tan grande que sudamos como si estuviéramos menopáusicas, y soñamos con ese día en el que no haya periodo, ni la menor posibilidad de volver a atravesar este estado. Digo soñar como una utopía, porque lo más seguro es que el sueño esté brillando por su ausencia y pasemos largas noches en vela.

Por muy cansadas que estemos del peso de la barriga, de los malestares y del embarazo en general, esto no asegura que caigamos rendidas en cama. Una frase de consuelo muy popular es aquella que dice: "La naturaleza te está preparando para las noches en vela, cuando nazca el bebé". Vuelvo a pensar que la naturaleza no tiene por qué estar adelantándose a los acontecimientos y me niego a creer que sea tan estúpida para pensar que la cura para el insomnio sea precisamente menos sueño y por adelantado.

Las razones por las que no se puede dormir no son tan cursis como la sabiduría de la naturaleza. En realidad, un huésped nada considerado se ha ido apoderando de nuestro cuerpo, moviendo todo lo que le incomoda, con una anfitriona que se ve obligada a moverse teniéndolo en cuenta siempre, con un miedo infinito a la proximidad del parto y con algo nuevo que se agrega a la ya larga lista de males: los calambres. Sí, no sólo es literalmente imposible movernos a nuestro antojo entre todas las almohadas que ahora restablecen el balance de nuestro cuerpo, sino que además, de pronto, las piernas se nos acalambran, dejándonos tiesas. No hay que espantarse, este mal es solucionable: unas pastillitas de calcio que seguramente el ginecólogo recetará, pero con el pequeño problemita de que en el momento en que las tomemos sentiremos que acrecientan ese otro mal que lleva meses con nosotras: la acidez.

La elección es obvia: continuar con los calambres, al fin y al cabo esa zona debajo de la barriga se ha convertido en un lugar desconocido e inalcanzable. Nuestros pies se han llenado de agua de tal forma que ya no sabemos si volverán a caber en esos zapatos divinos que compramos justo cuando quedamos embarazadas. Los tobillos pueden ser como los de cualquier elefante y las coyunturas se han vuelto tan flexibles que ni si-quiera sabemos si nos soportarán cuando nos incorporemos. Tampoco es que queramos estar de pie porque un bebé que ya está empeñado en encajarse en la pelvis es sinónimo de no poder cerrar las piernas como niñas decentes. No es que la decencia le importe a nadie en esta etapa, ya una no tiene pa-ciencia, orgullo, ni buena disposición anímica para cumplir con el *Manual de Carreño*. A quién le va a importar que el dolor de espalda, por el peso que llevamos encima entre barri-ga, placenta, líquido amniótico, un busto talla DD y toda el agua que estamos reteniendo, se haya convertido en ciática. Que otro dolor, allí donde empezó todo, nos obligue a cami-nar con la mano sobre nuestras partes íntimas. Que nuestra barriga se haya convertido en un centro de gravedad a donde cientos de manos llegan y te tocan aun sin conocerte, como si fueras un Buda que trae suerte. Que es un hecho ineludible que si no te extraen a ese bebé en los próximos minutos estás segura de que vas a explotar y no por el peso o la hinchazón, sino por la desesperación.

Por desgracia, es posible que el ginecólogo te diga que hay que esperar, que el bebé aún no está lo suficientemente maduro para ver la luz del día.

—Pues que termine de madurar afuera —le dijo una pacien-te a mi cuñado cuando éste la encontró sentada en su consulto-rio sin previa cita, pero decidida a *desembarazarse*.

—No es tan fácil como eso. Ya te expliqué que estos días son muy importantes para la maduración de los pulmones —le contestó él, sin darse cuenta de que a ella le había entrado por un oído y le había salido por el otro.

Durante todo el día lo esperó allí, sentada, y cada vez que él le sugería que se fuera a su casa encontraba la misma respuesta.

—De aquí no me muevo hasta que tú no me saques esto.

La paciente compartió el resto del día con las otras embarazadas, acabando con las ilusiones de las que estaban empezando, contándoles historias de horror sobre el futuro de su estado, recetando porque estaba convencida de que todo lo que los ginecólogos mandaban eran puros "sofismas de distracción" y repitiendo a diestra y siniestra que el embarazo no era más que un castigo por el buen sexo. Cuando terminó sus consultas, mi cuñado la ayudó a levantarse con todo su peso de la silla, la subió al auto y la llevó a su casa, no sin antes aguantar una insultada de padre y madre por su falta de entendimiento, por no ser una persona misericordiosa y por no ayudarla en un momento en que se debatía entre la vida y la muerte. A las cinco de la mañana recibió la llamada providencial. Su paciente estaba de parto y respiró aliviado. Por fin ella iba a recuperar la paz, porque para él estos ataques eran simplemente gajes del oficio.

3

Esos que trabajan donde otros gozan

Esos ataques, los malestares, los síntomas, los miedos y todo lo que conlleva el estar esperando un hijo, son suficiente razón para que elijamos muy bien a nuestro ginecólogo. La mayoría de las mujeres que visitan o han visitado a uno durante muchos años estarán de acuerdo conmigo en que es tan importante en nuestras vidas como el peluquero. Cuando nos acomodamos con él podemos relajarnos, algo de tan vital importancia como que el cabello nos quede del color y el largo que esperamos. A ellos les contamos más de una cosa que no le diríamos ni a nuestras amigas porque en sus manos están nada menos que nuestra salud y nuestra sexualidad.

Esta relación de absoluta confianza con él se enriquecerá durante un embarazo. De la confianza se pasa a la dependencia, a la comprensión y al entendimiento. Al fin y al cabo, es el único que entiende que, aunque no estemos enfermas, es como si lo estuviéramos. En sus manos está la cura para nuestro mal; él será el encargado de guiarnos a través de la serie interminable de malestares hasta el alivio del parto. Con una paciencia admirable, soporta nuestros cambios de humor sin quejarse y es condescendiente con nuestros temores.

Durante el embarazo tenemos asegurado que por lo menos una vez al mes vamos a verlo y, dependiendo de nuestros síntomas y temperamento, hablaremos con él una o varias veces al día. Por eso no es de extrañar que algunas mujeres se enamoren perdidamente de su ginecólogo, si es hombre, durante el tiempo de espera. Es lógico si se trata de la única persona que nos acompaña, que escucha nuestras quejas sin poner mala cara, que nos aconseja y nos sirve de apoyo emocional. En pocas palabras, es el hombre ideal: comprensivo, condescendiente, que además cada vez que lo vemos nos pide que nos quitemos la ropa.

Este tipo de relación afecta mucho a los maridos, que de nueva cuenta se encuentran ante un *menage a trois*, pero no precisamente como lo hubieran deseado. Los hombres en general enfrentan un problema grave con la medicina y con los médicos: les tienen pánico, y visitar a uno de ellos mensualmente no los hace muy felices que digamos. Mucho menos uno dedicado a las mujeres. Pero hay que ir. Como dice el esposo de una amiga: ya se entró en la ruta de la inservilidad. No sirven para nada en este embarazo. No hacen nada, su participación en el nacimiento de "nuestro hijo" es prácticamente nula y cualquier cosa, hasta las visitas al ginecólogo, son puntos a favor de cualquier futuro padre.

Para el esposo de mi amiga esta experiencia fue exactamente igual que entrar a la *Dimensión desconocida*. Sí, a aquel famoso programa de televisión y a un capítulo dedicado a las mujeres. Por primera vez tuvo conciencia del escenario al cual su esposa se dirigía cada seis meses religiosamente. Entró y se encontró con una amalgama de señoras que parecían un muestrario de la evolución de un embarazo. Había desde las que no tenían ni pizca de barriga hasta las que ya estaban a punto de explotar. Sintió todos esos pares de ojos posarse en su cuerpo mientras su esposa orgullosa lo invitaba a sentarse a su lado.

Algunas lo miraron complacidas, como diciendo: "Así se hace"; otras, con un resentimiento que no entendió hasta que escuchó a una de ellas hablar por el celular: "Claro, tú porque eres el más ocupado del pueblo, pero aquí está un señor que sí participa del nacimiento de su hijo, que sí acompaña a su mujer, que sí se preocupa por la salud de su bebé..."

La retahíla siguió en medio del llanto mientras él pensaba en el pobre tipo que por su culpa había salido pringado, y respiraba orgulloso por los puntos que estaba ganando ante su mujer. De repente, fue como si estuvieran en un salón de té. Todas hablaban, aunque no se conocieran de antes, con la familiaridad de las amigas de antaño. El tema del embarazo y de los bebés las unía como si pertenecieran a una secta dedicada a la procreación. Hacían inventarios de sus males y lo miraban como si él también fuera culpable de los de ellas. Allí esperaron lo que a él le pareció una eternidad, mucho más cuando pensaba en todo lo que estaba dejando de producir, hasta que los llamaron y dejó de ser el centro de atracción y el prototipo de la culpabilidad para convertirse en el Hombre Invisible.

Con excepción del saludo al entrar al consultorio y del momento en que escucharon el corazón del bebé, su presencia ahí fue totalmente ignorada. Su mujer hablaba con el médico en un lenguaje de semanas, de albúminas, de presión sanguínea, de tamaño y forma del útero, sin que él entendiera nada. Se sintió fuera de lugar, fuera del proceso de maduración de su propio hijo y de la experiencia que vivía su esposa. Había alguien más, un hombre que sí tenía una total participación en la gestación de su hijo y que se daba el lujo de entender todo lo que le pasaba a su mujer, hasta su locura, con una sonrisa de consideración. Los celos se apoderaron de él, de esa relación que ella era capaz de mantener con otro hombre en un momento tan importante para los dos, de la confianza y la complicidad que tenía con otra persona y de la forma tan poco pudorosa con la que se dejó tocar la barriga. El ginecólogo, además, acabó por darle clases de comprensión y participación en el proceso, que por supuesto culminaría con su presencia irremplazable en el momento del parto.

En ese instante, el esposo de mi amiga empezó a pensar en todas las excusas imaginables para no asistir al nacimiento de su hijo. Estaba seguro, después de la explicación detallada que le hizo el doctor, que no lo soportaría y que haría el ridículo, ya fuera vomitando o desmayándose.

Con el paso de los meses y en la medida que su mujer se fue convirtiendo en un ser irracional parecido a Sibyl, cambió de actitud y hasta agradecía la ayuda del ginecólogo. Él mismo patrocinaba esta especie de infidelidad de su esposa y en ocasiones llamaba al otro para saber si lo que sucedía era normal, o simplemente para sentirse tranquilo con todo el asunto. Al fin y al cabo este hombre era el experto en la materia y los achaques tanto físicos como emocionales de su mujer eran parte de su trabajo diario.

Pues vaya problemitas, porque estoy casi convencida de que los ginecólogos y ginecólogas nunca contaron durante sus estudios con que la traída de bebés al mundo implicaba además una labor psicológica.

Escogieron esta rama de la medicina sin contar con todos los trastornos emocionales que vendrían con cada paciente. En la práctica tuvieron que enfrentarse a la cruda realidad de que no eran dermatólogos, gastroenterólogos o cardiólogos, y que este trabajo implicaba mucho más que unas simples citas y el momento del parto. Cualquier otro médico cumple con sus labores sin tener que lidiar con los desequilibrios emocionales que acompañan al embarazo. El paciente llega a la cita, expone sus síntomas, le dan un remedio y si te vi no me acuerdo.

Con un embarazo es diferente. El remedio está a meses de distancia, los síntomas aparecen y desaparecen, y la peor parte siempre nos espera al final. El único remedio al que pueden recurrir se llama paciencia y con ella se arman para poder soportar las diferentes personalidades de tantas mujeres que no entienden en qué momento la vida se les convirtió en una montaña rusa de malestares.

Cada paciente es única en su estilo y, por lo tanto, su embarazo tiene su propia personalidad.

La ingenua es aquella que no sabe ni cómo quedó embarazada y que se sienta en el consultorio con un: "Es que no sé cómo me pasó esto...". Es incapaz de contar el día de su última menstruación porque entra en la categoría de mujeres mantenidas emocionalmente. Ésas que piensan que mientras tengan cheques tienen dinero en el banco. Es aquella que cuando el médico le informa que va a sentir tal o cual síntoma, contesta que espere a que ella lo consulte con su marido a ver qué opina. Es la que pregunta si el parto no podrá esperar un poquito porque su esposo estará fuera de la ciudad para esa fecha.

La preguntona lo quiere saber todo, hasta la hora exacta en la que el óvulo fue fecundado; que le den a conocer desde el primer mes de embarazo, el sexo, nombre, profesión y futuro cónyuge de su bebé. Exige una lista de sus probables síntomas, con posibles soluciones y medicamentos. Se enfurece cuando el ginecólogo no puede darle la fecha precisa del parto y lo llama a medianoche para preguntarle si habrá alguna forma de saber el color del pelo del bebé.

La incrédula pondrá en duda todo lo que el doctor le diga. Siempre habrá escuchado algo diferente o leído en algún lado otra opinión al respecto. Si le recetan Milanta para la acidez lo refuta con un: "Pero una amiga me dijo que si tomo Milanta le voy a aguar la sangre al bebé". Si le imponen una dieta traerá a colación una revista donde leyó que una madre debe comer por dos y es perjudicial privar al feto de sus alimentos.

La descomplicada es el sueño hecho realidad de cualquier ginecólogo. Tiene la fortuna de sentirse bien y de que su embarazo sea un estado que no ha afectado su vida cotidiana. Es la que llega al consultorio y no deja que le pongan bata. Allí mismo se quita la ropa o se alza el vestido para que la examinen. Se siente bien, todo es normal y lleva su embarazo como cualquier otro asunto en vías de resolverse.

En cambio, la superdescomplicada es una pesadilla. Está empeñada en demostrarle al mundo entero que el embarazo no es mayor problema y que no se propone cambiar su vida por eso. Pospone las citas, no sigue consejos, no toma lo que le mandan, quiere seguir patinando, jugando tenis, fumando, bebiendo y rumbeando hasta altas horas de la madrugada sin importarle su estado. Es la clásica a la que el ginecólogo le recomienda reposo absoluto para evitar que se le adelante el parto y a ella sus palabras le entran por un oído y le salen por el otro. El día del parto adelantado el médico se entera de que la noche anterior estuvo bailando mambo sobre una mesa en la disco de moda.

La recatada es aquella a la que le cuesta un trabajo tan horroroso abrirse la bata para que le midan la barriga que el ginecólogo no entiende cómo pudo quedar embarazada. Todo le da vergüenza: con mucha pena y titubeos logra comentar que tiene estreñimiento porque de esas cosas no se habla con los demás; se pone roja como una manzana al preguntar sobre la continuación o descontinuación de su vida sexual y siempre llega acompañada al consultorio. No se deja revisar, a no ser que uno de sus familiares esté presente, no sé si por miedo a ser violada o por temor a tener una satisfacción fuera de lugar, de ocasión y sin su marido.

La organizada lleva un disquete al consultorio para que el médico le programe los nueve meses de embarazo. Si le dicen que los vómitos duran tres meses, a los tres meses exactos llega a consulta a preguntar por qué sigue vomitando si a ella le dijeron que sólo eran noventa días. Si le hablan de la probabilidad de tener acidez al quinto mes, se pone furiosa con el doctor porque ella no la ha sentido y estaba súper preparada con una dosis generosa de Tumbs para cuando le llegara el momento. Entra en crisis cuando en el sonograma el bebé aparece con las piernas cerradas y no se puede ver el sexo. Esto le cambia todos sus planes, ya que para el cuarto mes ella debía estar arreglando la habitación de su hijo o hija. Es la candidata ideal para una cesárea, no porque la necesite, sino porque tiene que programar la hora, el día y el mes en los que va a nacer su retoño, y el parto natural es demasiado impredecible para su gusto. Ha habido casos en los que una de estas mujeres ha llegado al extremo de hacerse una cesárea astrológica. Sí, adelantó el parto porque se negaba a que su hija fuera del signo Escorpión. Según ella, su signo no era compatible con los Escorpiones y eso significaba que iba a tener una relación espantosa con su propia hija. La niña tenía que ser Libra.

Para la nerviosa y pesimista todo es tragedia. Si no va al baño es malo, pero si tiene diarrea es peor; si no siente al bebé se angustia, pero si lo siente a lo mejor se está moviendo demasiado. Llama al médico para todo. Pide permiso para ir a la playa, para viajar, para comer y hasta para hacer el amor. Si pesca un resfriado, no importa la hora que sea, llama al ginecólogo para preguntarle cómo puede repercutir en su estado, y si él no la puede atender, le pregunta a la enfermera, a la esposa o esposo del médico, y hasta a la muchacha de servicio. Crea vínculos especiales con todos los miembros de la familia y es de las peores pesadillas para el cónyuge del ginecólogo. Es la que llama a las cuatro de la mañana para preguntar por qué hace dos días que no hace popó, como le sucedió a mi hermana con una de las pacientes de su marido. Acto seguido le pasó el teléfono a él y le dijo: "Fulanita quiere saber por qué no hace popó hace dos días, y yo quisiera saber por qué no cayó en cuenta de su estreñimiento a las seis de la tarde o a las diez de la noche, por ejemplo".

La vanidosa es un poco como la nerviosa y preocupada. Sólo que a ella lo que la mata no son la acidez, los vómitos o los calambres. Le aterran la celulitis, las estrías, y grita desconsolada cada vez que el médico la sube a la báscula. Siempre quiere estar por abajo del peso requerido, éste es su gran orgullo. Se mata de hambre, sigue haciendo ejercicio y llora desconsolada por la deformidad de su cuerpo. Tiene una depresión posparto obligatoria porque pretendía salir con medidas 90-60-90 del hospital, sin gota de barriga y con el vestido que se puso para su primera comunión.

La apasionada toma todo con ardor, hasta su relación con el médico. Se enamora de él y de su familia. Crea vínculos con la enfermera y las muchachas de servicio. Las llama para sus cumpleaños, les envía regalos y quiere participar en todos los eventos familiares. Se olvida hasta de su propio marido para intentar ser parte de otro mundo en el que se siente más segura. Llega un momento en el que pasa a ser acosadora y llama a su ginecólogo aunque acabe de salir de la consulta. Quiere saber dónde está las veinticuatro horas del día y exige que esté localizable para ella siempre. Si el médico sale de viaje, pide todos los números donde puede llamarle y marca con la excusa de que quería saber si lo había apuntado bien. Es tanta su dependencia que se considera la única paciente y deja mensajes diciendo que a Mary le cayeron mal las pastillas que le recetó, que qué puede hacer. Como si el ginecólogo tuviera sólo una

Mary embarazada y se acordara de qué fue lo que le recetó para quién sabe qué mal.

¿Y qué me dicen de las que quieren tener recuerdos de todo? A ésas las llamaremos cursis. Sí, las que quieren fotografiarse con el médico, con la enfermera y hasta en la puerta del consultorio, como si estuvieran de vacaciones en un viaje llamado embarazo. Quieren que las graben con la bata y acostándose en la camilla. Desde el tercer mes llegan a la consulta con ropa de embarazo llena de moñitos y frivolité. Para la primera ecografía arman una sala de cine en el consultorio y llevan a su mamá, su abuela, su suegra, su hermana y a todo el que se le pegó en el camino para que vean la película de su hijo. Seguramente será una de ellas la que después del parto le envíe al ginecólogo un marco con la foto de su bebé recién nacido y una nota que dice: "Un recuerdito que espero encontrar en su escritorio en mi próxima visita. Gracias por hacer posible este milagro llamado José".

No hay que olvidar a la Juana de Arco. Ésa que quiere tenerlo todo natural como Dios nos lo envió. Desea que el embarazo signifique un acto heroico en su existencia y se niega a tomar medicamentos para aliviar sus malestares, porque ella quiere sentir todo lo que significa traer a su hijo al mundo. Cuando el médico le habla de la anestesia durante el parto se siente herida en su amor propio y ofendida contesta que ella lo va a tener natural, como lo han hecho las mujeres durante siglos. Que no es una gallina para recurrir a cosas artificiales, sino una mujer en todo el sentido de la palabra. Pero, llegada la hora, lo más seguro es que sea una de las que durante el parto grite no sólo de dolor, sino pidiendo anestesia, morfina o un mazazo en la cabeza. Cualquier cosa que la alivie de su papel heroico ante la vida.

Y, aunque parezca mentira, en esta lista de mujeres embarazadas también entran los hombres. Sí, están los maridos incrédulos que llaman después de la cita, a la que no asistieron, para preguntar si es cierto lo que les está contando su mujer. Los mismos que ante cualquier síntoma, aunque se los hayan explicado, confrontan al médico y quieren saber todas sus repercusiones.

Otros que, desesperados, simplemente llaman para poder entender un poco lo que está pasando con una mujer que no se parece en nada a la suya.

Los demasiado preocupados que deciden agarrar al ginecólogo como su confesor personal y se dan golpes de pecho porque la vida les negó el favor de poder ser más participativos en el embarazo. (Yo me imagino que éstos deben de ser bien pocos, pero muchos médicos me aseguran que existen y que tienen que soportar sus quejas, dudas y temores con la misma paciencia que lo hacen con su pareja.)

También están los celosos machistas que no permiten que su mujer vaya sola a ver al médico, si es hombre, porque éste podría meterle la mano y a su mujer terminarle gustando. Es ese hombre desagradable que considera una broma decirle al doctor que su trabajo sí es divertido, no como el de él, que tiene que estar lidiando con números.

El hecho ineludible es que si nuestro ginecólogo es del sexo masculino, durante el embarazo será el hombre de nuestras vidas esos nueve meses. La mayoría de ellos, sobre todo en América Latina, donde todavía existe la medicina desempeñada con cariño, sabe que éstos son gajes del oficio. Es más, hay algunos tan conscientes del trauma que puede representar un parto que han intentado sublimizar el momento con velas, incienso, masajes y la música favorita de la parturienta, sin importar si es la Quinta Sinfonía de Beethoven o una salsa de Marc Anthony.

Asumen su papel de lidiadores de hormonas alborotadas sin chistar porque saben que es un proceso en el que no entendemos nada. Comprenden que el embarazo no es lo más natural del mundo, que en el camino descubriremos que puede acabar con nosotras en cualquier momento, y que si resistimos los nueve meses, no importa, porque eso sólo significa que moriremos en el parto. Es él o ella quien puede tranquilizarnos y darnos razones del porqué de nuestros trastornos. Es la persona que sabe y entiende que embarazada y loca es la misma cosa. Es la única que encuentra nuestro estado hermoso cuando ya nosotras estamos seguras de que más feas no podemos ponernos. Goza nuestras barrigas, se preocupa por las várices igual que nosotras y nos dice condescendientemente cuando nos espantamos al ver la báscula: "No te preocupes, que todo eso lo perderás después del parto". Palabras mágicas para un ego y un cuerpo que estábamos seguras que ya no recuperaríamos ni en las próximas tres vidas.

4

Este cuerpo no va a tener remedio

Si hacia el final del embarazo se para enfrente de un espejo y piensa que ese cuerpo no va a tener remedio, tiene toda la razón. Sin duda la cura para este mal que nos ha aquejado durante nueve meses está a unas semanas de distancia, pero una cosa segura es que la enfermedad llamada embarazo tendrá sus secuelas. Que lo que nos ha parecido casi como una batalla campal dejará sus heridas de guerra y terminaremos siendo unas veteranas de la maternidad.

Por más que nos hayan vendido el mito de que es lo más normal del mundo y que nuestro cuerpo, ayudado por la sabia naturaleza, volverá a ser el mismo, no hay veterana de esta guerra lo suficientemente ilusa para creérselo. No sólo le damos la vida a un ser que intentará alejarse de nosotras lo más rápido posible y que en un momento dado llegará a avergonzarse de su progenitora, sino que llevaremos las señales tatuadas en nuestros cuerpos para siempre. Parece que no es suficiente con el desbalance hormonal que se crea y con el descontrol que arman nuestros órganos adentro. Cuando Dios dijo: "Multiplicaré los dolores de sus preñeces" no se midió y en el camino también arremetió contra nuestro cuerpo con el firme propósito de acabar con la mucha o poca belleza que poseíamos.

Pero como al César lo que es del César y a Dios lo que es de Dios, no podemos achacar toda la culpa a nuestro Creador. Hubo una época en que las mujeres no se preocupaban por este tipo de minucias porque la belleza se medía en lonjitas y abundante celulitis.

En los sesentas las cosas cambiaron. Esos kilos de más dejaron de ser excitantes (aunque yo hasta el día de hoy creo que los hombres quieren ver flacas, pero agarrar gordas) y la celulitis, algo tan ligado a una piel nueva y tierna (porque todos los recién nacidos la tienen), pasó a ser una de nuestras más grandes pesadillas.

Es un hecho ineludible que el concepto de belleza que manejamos en la actualidad no se acerca mucho al embarazo. No importa que haya mujeres como Demi Moore o Cindy Crawford que orgullosamente desnudaron sus cuerpos inflados en las portadas de las revistas. Por el contrario, sólo nos deprimen porque nadie entiende cómo es que logran verse espectaculares a su edad, mucho menos cómo se las arreglan para hacerlo con esas barrigas tan perfectas que parecen diseñadas por computadora. Si lo que querían era mostrarle al mundo la belleza de las mujeres embarazadas, lo único que consiguieron fue aumentar las ventas de los antidepresivos, porque estoy segura de que a las embarazadas comunes y corrientes les dio un ataque de depresión cuando no hubo forma de que recogieran su autoestima de un piso inalcanzable por culpa de la barriga. Muchas mujeres que por desgracia coincidieron en su embarazo con esas traidoras lloraron desconsoladas ante su propio deterioro.

Tan es así, que tengo una amiga que estuvo embarazada al mismo tiempo que Cindy Crawford y cuando vio la foto no encontró mayor consuelo que mandarla a ampliar. Pero no hay que equivocarse, su propósito no era echarse más ácido en la herida, sino dibujarle a ese cuerpo perfectamente embarazado la celulitis, las estrías, las manchas, las alergias, el mapa de las venas y unas várices del tamaño de la cordillera de Los Andes. Puso el póster dentro de su clóset para recrearse en él cada vez que se vestía y, por supuesto, para que su marido no tuviera acceso a esa perfección y siguiera pensando que la belleza estaba en el deteriorado cuerpo de su esposa.

No cerremos los ojos a la realidad: la gran mayoría de las mujeres no somos ni la Crawford ni la Moore, y si alguna vez pensamos que estar embarazadas era sólo tener una barriga que crecía y un busto frondoso, con la primera vez basta para darnos cuenta de lo ilusas que fuimos. Todo cambia y por desgracia no es para mejorar.

Como un globo cualquiera

Hay que empezar por el aumento de peso, nuestra peor pesadilla, pero que esta vez llega con licencia y permiso oficial de toda la humanidad. Por primera vez en nuestras vidas podemos darnos el lujo de comer porque es válido subir de peso y porque estás comiendo por dos. Gran mentira, porque si antes nos cuidábamos para no engordar, ahora hay que cuidar la engordada. Sí, el embarazo no nos da siquiera el chance de subir de peso a nuestro antojo. Hay ciertos límites de peso marcados para cada etapa del embarazo. Al final es igual que cualquiera de las dietas que hemos hecho antes, con la diferencia de que no se nos puede ir la mano. Hay que olvidarse de los días a base de atún o sandía, porque ahora tenemos un compañero de dieta que crece dentro de nosotros y necesita alimentarse, así que ésta tiene que ser nutritiva y balanceada. Lo que para nuestras abuelas era tan normal —comer por dos durante un embarazo—, pasó a ser un mito y a nosotras nos toca enfrentarnos a que en esta época también las embarazadas tienen cánones de belleza. No deben aumentarse más de dieciséis kilos, por aquello de que ya no nos veríamos adorablemente embarazadas y porque se acrecentarían los dolores de espalda, las complicaciones en el parto, la falta de aliento, la sudoración ecuestre y la hinchazón en pies y tobillos que de por sí son ya inevitables.

Lo primero que se pierde es la cintura, especialmente si es el primer embarazo y el cuerpo no está acostumbrado a que lo estén inflando como globo de cumpleaños infantil. La barriga demorará un poco en aparecer para estas primerizas, en tanto que las veteranas estarán embarazadas con barriga y todo desde el principio. La razón es muy simple: los músculos del estómago se han convertido en algo parecido al resorte de los calzones, pero viejo y demasiado usado; por lo tanto, ya no tiene ningún tipo de elasticidad, ni firmeza. Estas reincidentes pagarán por la osadía de volver a intentarlo y desde un principio descubrirán que esa barriga chiquita, dura, tersa y graciosa del primer embarazo, en este nuevo intento se ha vuelto fofa, aguadita y con tendencia a la caída. Serán varias las semanas que tendrán que esperar para que se vaya rellenando en la medida en que el bebé crezca y será hasta después del parto que descubrirán que esa barriga del principio, la que excusábamos con un embarazo, llegó para quedarse instalada en nuestro cuerpo aunque ya adentro no haya nada.

Ya para el quinto mes, cualquier embarazada debe haber empezado a sentir que le cambiaron los pies. No sólo estarán hinchados por aquello de la retención de agua, sino que además crecerán por culpa de la relaxina, una hormona que en vez de darnos una nota relajada, se dedica a aflojar la pelvis para el parto. El problema es que, por lo visto, esta hormona no sabe trabajar al detalle, sino al por mayor, y en su empeño por relajar la pelvis termina por relajar todas las articulaciones, hasta las de los pies. Tampoco tiene muy buena memoria porque cuando el embarazo termina, muchas veces olvida que hay que desrelajar los pies y terminamos calzando un número más. Tragedia para alguien como yo, que calza del número nueve, y podría haber terminado usando los zapatos del marido. Hay que recordar que los hombres con pies grandes son el preludio de cosas mayores, pero a nosotras nos clavaron con la cultura japonesa de que debemos tenerlos chiquitos, suaves, sedosos y libres de toda perturbación.

Esta expansión total de nuestro cuerpo incluye por supuesto el busto. Para las más agraciadas, aquellas a las que Dios les dio una copa C maravillosa, el embarazo las reduce a vacas lecheras de la más pura estirpe. Serán las primeras en tener que usar sostén con constancia porque pueden romperse los ligamentos con el peso y terminarían haciendo malabarismo para poder mantenerlas lo más cerca posible de su lugar inicial. Las otras, ésas que pasearon sus miserias pectorales a lo largo de su vida, florecerán gracias a la naturaleza y no a la cirugía, y de pronto se encontrarán con un busto frondoso. Los más felices serán los maridos, que por fin verán sus fantasías hechas realidad, sin saber que tanta belleza tiene su precio. Después del embarazo y la amamantada descubrirán que los objetos de tanto deseo se han reducido de nuevo a su mínima expresión, quedando convertidos en dos filtros para hacer café, bien, pero requetebién usados.

UN MUESTRARIO DE PROBLEMAS CUTÁNEOS

Al llegar el tercer mes de embarazo, pensaremos que todo el queso *cottage* del supermercado se ha instalado en nuestras caderas, muslos, glúteos y Dios nos libre que llegue hasta los tobillos. Una de nuestras pesadillas ha hecho acto de presencia: la celulitis, y todas sabemos que se trata de un enemigo invencible, aunque las compañías de cosméticos estén empeñadas en hacernos creer lo contrario. Pero como la esperanza es lo último que muere, nos vendemos el cuento de que tal vez se note menos cuando salgamos del embarazo.

Por el momento encaramos una tarea mucho más ardua que combatir, porque todas sabemos que con las estrías sí que no tenemos chance. El noventa por ciento de las mujeres en este estado las padecen. Son causadas por el estiramiento de la piel y el aumento de peso.

Si nos ponemos a hacer un inventario de las zonas de nuestro cuerpo —busto, barriga y caderas— que están creciendo a pasos agigantados, comprenderemos que nuestro destino quedará marcado para siempre por estas líneas. Lo más triste es que es cuestión de la piel y si nos van a salir, de nada sirve que nos embadurnemos de cremas. Lo único que conseguiremos es que entre los calores que amenazan con cocinarnos en el jugo de nuestro propio sudor y la encremada terminaremos convertidas en un asopado al más puro estilo puertorriqueño. Sin embargo, hay que encremarse, no para evitar las estrías, sino para aliviar esa comezón constante en la barriga y los glúteos que nos obliga a rascarnos con alevosía, como si nuestro cuerpo fuera el criadero más grande de jejenes.

Nuestro único consuelo es que si las estrías llegan y se van a quedar para siempre, por lo menos tengan piedad de no traer con ellas eso que llaman Placas Pruríticas De Urticaria Del Embarazo: unos granitos que a veces las acompañan y que en los libros ginecológicos condescendientemente se sostiene que no son peligro para la madre o el bebé. No, simplemente atentan contra nuestra salud mental. En sí es aterrador ver las estrías, para que además nos salgan otros horrores.

Pero, sí, nos va a salir todo lo que pueda salir. El embarazo es caldo de cultivo para cualquier tipo de mal, por eso no es recomendable cuando se sufre de enfermedades de alto voltaje. Si somos propensas a las alergias es probable que se presenten todas en esta etapa; si padecemos de migrañas las sentiremos a diario, y así sucesivamente con cualquier mal. La ironía es que en este proceso el remedio acaba siempre siendo peor que la enfermedad y así como las inyecciones para el vómito aumentan las ganas de vomitar y las pastillas para los calambres provocan más acidez, de la misma forma, por ejemplo, el aumento en la transpiración seguramente nos traerá un salpullido que se combinará con esos granos que nos salieron en las estrías. Ya en este momento nos hemos convertido en un muestrario de enfermedades cutáneas, pero aquellas que todo lo ven color de rosa nos dirán que la naturaleza es sabia. Estamos sudando y llenándonos de salpullido, pero la transpiración apocrina (léase la que se produce debajo de los brazos, del busto y en nuestros genitales) disminuye durante el embarazo, lo que nos concede la dicha de no ser unas granulientas que también huelen mal. Vaya consuelito.

UNA NATURALEZA NO TAN SABIA

Hay momentos en que nos queda claro que la naturaleza no es tan sabia como la pintan, y que la sabiduría no siempre es sinónimo de inteligencia o eficacia. Es más, estoy plenamente convencida de que esa bien ponderada naturaleza se mete unas confundidas de padre y señor nuestro y que, por ende, lo hace a costa de nuestros cuerpos. Resulta que a esta señora le toca incrementar el flujo sanguíneo para que las membranas del cuello de la matriz se inflen y aflojen en preparación para el alumbramiento, y sin pensarlo dos veces decide inflar y relajar todo lo que se le parezca. Ésa es la razón por la que de pronto nos llega el mal de la congestión nasal, vivimos con la nariz tapada y empezamos a sufrir hemorragias. Ahora la cosa también implica sangre y si uno cuenta con suerte y un buen ginecólogo, lo único que puede hacer es aprender a sonarse. Así fue como una amiga mía descubrió que este mal tampoco tenía remedio y se encontró sentada consultando a un médico que le dijo: "La culpa es tuya por sonarte con demasiada energía. Sonarse es un arte que hay que aprender a manejar".

Desesperada, se dejó guiar hacia este arte nuevo para ella y siguió las instrucciones con la ilusión de una aprendiz de pintora: "Primero se tapa uno de los orificios nasales con el pulgar y luego se expulsa cuidadosamente la mucosidad por el otro orificio. Se repite por el otro lado, de la misma forma y con el mismo cuidado".

Por supuesto que salió de allí pensando que tanto el médico como ella estaban locos de remate, pero siguió el consejo al pie de la letra. Al día siguiente la sangre estaba en otra parte: en sus encías. Un nuevo regalito de la sabia naturaleza que, al igual que con las membranas mucosas, decidió a través de las hormonas ablandar e inflamar sus encías cuando su trabajo era hacerlo sólo en el cuello de la matriz.

No es que a la naturaleza todo le salga mal. A veces hace las cosas bien, pero otras se le salen de las manos. Éste es el caso de esa red de venas en los pechos, el estómago y los muslos que aparecen como arañas y nos hacen sentir que nos volvimos por completo transparentes. O, lo que es peor, que nos hemos convertido en unas ranas plataneras. Son Nevos Araneos o Telangiectasias que se esparcen para transplantar la gran cantidad de sangre que se produce durante el embarazo. Hasta aquí el trabajo es perfecto; el problema es que después se convierten en venas varicosas o, usando esa mala palabra, en várices. Si aparecen al principio del embarazo lo único que tendremos asegurado es que van a empeorar hasta convertirse en unos cables de televisión gigantescos que atravesarán nuestras piernas sin tener en cuenta ni la celulitis, ni las estrías, ni los barritos, ni el agua que ya están ahí depositados. Al fin y al cabo, ya para este momento es un hecho que en nuestro cuerpo caben cosas que nunca pensamos y que se convirtió en el maletín de Mary Poppins, de donde puede salir cualquier cosa. Pero no hay que entrar en pánico, si las várices no se van después del parto (y seguramente no lo harán), podremos extirparlas unos meses después. ¿Para siempre? Por supuesto que no, tanta belleza no existe. Será hasta el próximo embarazo, en el que nos acompañarán de principio a fin.

Ya que el embarazo acabó definitivamente con nosotras del cuello para abajo, cualquier embarazada o veterana de estas lides sabe que la carita no se salvará de ésta. Esa línea negra que ahora atraviesa nuestra barriga de arriba a abajo y que nos tiñó los pezones de oscuro, decidió subir hasta abarcar nuestra frente, nariz, mejillas y barba. Tenemos una máscara que, por ironía, se llama máscara del embarazo o cloasma y que nos identifica oficialmente como miembros de este club del deterioro total.

No hay nada que hacer porque no se puede tratar ni con ácido, ni con un *peeling*. Las manchas se irán también con el parto. Y ni se le ocurra pensar que todo este estropicio se puede curar con un cambio de look. Un permanente, unas lucecitas en el cabello, un nuevo color, están fuera de nuestras posibilidades. Sobre todo el permanente, porque las soluciones químicas se absorben a través del cuero cabelludo, pasan al torrente circulatorio y pueden hacerle daño al bebé y me imagino que hasta rizarle el pelo. Por supuesto, no hay que olvidar que todo está en nuestra contra, incluyendo a las hormonas y podríamos terminar con el cabello destruido o, en el peor de los casos, sin él. No está demostrado científicamente que los tintes sean dañinos, pero es uno de esos "por si acasos" que es mejor seguir al pie de la letra. Además, el pelo y las uñas tienen su agosto creciendo durante el embarazo, así que lo de la teñida tendría que ser un día sí y el otro también. Los expertos aconsejan usar tintes vegetales y durante esta etapa regresar a un color lo más cercano al original. Es obvio que no recordaremos un color que no vemos desde hace años, mucho menos cuando tiempo atrás nos convencimos de que el color del tubo fue con el que nacimos.

Los "por si acasos" también deben incluir los champús contra la caspa y aunque uno de los problemas capilares del embarazo es precisamente éste, lo único que podemos hacer es abolir el negro de nuestro vestuario. Así que si queremos ir al salón de belleza para levantar nuestra autoestima, tenemos que conformarnos con un buen secado, una magnífica manicura y una muy necesaria pedicura. Recordemos que hace tiempo que no vemos nuestros pies cuando estamos de pie y que su limpieza ha estado en manos del agua que se junta en la tina. Aparte, es una buena oportunidad para quitarnos todos esos pelos que nos sobran en las piernas, ya que los brazos tampoco logran llegar a esa zona de combate.

Por supuesto, el resultado de esta batalla campal que la "sabia naturaleza" decidió librar en contra nuestra, nos obliga a esa labor de reconstrucción tan necesaria después de cualquier desastre natural. Como en toda guerra habrá bajas, sí, esas pérdidas inevitables e irrecuperables. Una cadera y una barriga que no estaban totalmente sanforizadas y a la hora de encoger, se quedaron a la mitad del camino. Un busto que hizo todo lo contrario y en el intento se desplomó lánguidamente. Unas estrías y una celulitis que serán nuestras heridas de guerra para siempre y que no podremos consultar o trabajar con ningún psiquiatra, pero que podremos poner en manos de Lancome, Estee Lauder, Clarins o cualquier otra compañía de productos de belleza.

El resultado final es un cuerpo que no volverá a ser el mismo aunque nos digan lo contrario. Con cada embarazo el deterioro es mayor y nos encontraremos un día cualquiera hablando de una figura que tuvimos, con la misma añoranza con la que recordamos al primer amor. Terminaremos, con la complicidad de la memoria, rememorando un cuerpo espectacular que hasta Claudia Schiffer hubiera anhelado tener para un fin de semana.

Pero, como Dios aprieta pero no ahorca, todo este deterioro y deformación tan patentes al final de un embarazo logran algo realmente inesperado. De pronto el mundo que nos rodea se convierte en un lugar maravilloso para vivir y sentimos que la Navidad se ha instalado en nuestra vida con anticipación. La gente se vuelve buena, generosa y considerada. A donde vayamos habrá palabras dulces, una silla que alguien nos cederá, una puerta que se abrirá sin que movamos un dedo; aparecerán manos que recogerán todas esas cosas que nuestra recién estrenada torpeza deja caer, y la ternura invadirá nuestra existencia como si el nacimiento esperado fuera el del mismísimo Niño Jesús.

Nunca sabremos si este inesperado espíritu navideño se debe a que la maternidad pone a flor de piel lo mejor de cualquier ser humano o, como si fuéramos enfermas terminales, los demás saben que lo que nos espera no es ningún lecho de rosas. La realidad, al final, es que esta Navidad, como cualquier otra, tiene fecha límite y lo que es peor, este niño no va a llegar con sólo sacarlo de la caja y colocarlo en el pesebre a las doce de la noche. Es posible que se anuncie con una dolorosa contracción o con un chorro de agua que correrá como río entre nuestras piernas. El momento más temido y esperado está a punto de llegar.

5

De parto

De antemano se sabía que éste sería el resultado de la larga espera. Sin embargo, la mayoría de las madres que ejercen están de acuerdo en que el miedo al parto es uno de los mayores que se apodera de ellas al final del embarazo. Para las primerizas, porque no saben qué es lo que les va a pasar, y para las veteranas porque lo saben a la perfección. Muchas afirman que no se acordaron hasta la primera contracción y románticamente lo atribuyen a una hormona que las hace olvidarse de esos dolores intensos en cuanto ven a su bebé. Otra vez, las mujeres nos ponemos en manos de la sabia naturaleza y repetimos lo que hemos escuchado por los siglos de los siglos amén... Dios fue tan bueno que nos mandó esa maravillosa hormona para que lo olvidáramos todo en el acto.

Pues para mí que esta dichosa hormona, que sólo relacionamos con la maternidad, se parece mucho a aquella que, cuando uno tiene un accidente horrible o vive una tragedia, corre a ayudarnos con el olvido. Muchas personas han pasado por situaciones trágicas y después son incapaces de recordarlas. Es más, llegan a olvidar incluso lo que pasó dos o tres días antes de los sucesos debido a lo que en psicología se considera un bloqueo. Tengo la impresión de que se le ha dado a ese olvido una connotación maternal inexistente, cuando la realidad es que el momento del parto es tan doloroso y tan horroroso que psicológicamente lo bloqueamos para defendernos, como lo haríamos de cualquier otra situación que nos haya creado un sufrimiento insoportable.

Es difícil imaginar en esta época de alta tecnología médica el dolor que podía sufrir una mujer para tener un hijo sin ningún tipo de sedante. Mi abuela fue una de esas madres que no contó con los avances modernos y a palo seco se dio a la tarea de parir a sus tres hijas. Por supuesto hasta el día de hoy no recuerda ninguno de sus partos. Su memoria se detiene en los primeros dolores, para luego regresar a la dicha de ver a su bebé bien, completita y viva. Sus recuerdos sobre el momento del parto son prestados y se basan en las historias que escuchaba sobre otras mujeres que no tuvieron su suerte. En aquellos tiempos eran muchas las que morían trayendo hijos al mundo y también muchos los bebés que llegaban sin vida. No existía monitoreo fetal y ni hablar de la cesárea. Así que si el bebé venía volteado o de nalgas, el médico o la comadrona no tenía opción sino recurrir a las técnicas que se usaban con el ganado y los caballos: metían la mano e intentaban voltear al niño dentro del útero hasta lograr que se pusiera en posición. Al dolor de las contracciones se unía el de la manipulación por dentro, como quien rellena un pavo para Navidad y, por supuesto, las infecciones eran parte del proceso. La mayoría de las mujeres no se quejaba porque era la única forma de dar a luz y otras porque no vivieron para contarlo.

El parto con dolor era nuestro pago por el pecado mortal, y a los mortales les parecía que era un buen precio. Fue hasta el año 1847 que un alma caritativa llamada James Young Simpson puso cloroformo sobre un pañuelo y lo mantuvo sobre la nariz de una parturienta. Esta mujer se convirtió en la primera en dar a luz bajo los efectos de la anestesia. Por supuesto que este sabio médico escocés nunca recibió el Nobel de medicina, ni apareció en las listas de los grandes personajes del milenio. Por el contrario, este acto misericordioso fue rechazado tajantemente por la clerecía y por algunos miembros sádicos de su misma profesión, quienes consideraban que el dolor de parto era una carga que la mujer debía soportar. Para ellos el alivio de éste era inmoral e iba contra las leyes de Dios. Nosotras teníamos que sufrir porque ése era nuestro castigo por la osadía de habernos llevado a Adán a la cama (o a la hierba en esa época), y por la sencilla razón de que era la forma bíblica de controlar nuestros ardores. Si empezábamos a parir sin sentir, se corría el riesgo de que empezáramos a copular a diestra y siniestra porque ya no tendríamos miedo a nada.

Pero ya el considerado doctor Young había abierto una olla incontenible. Cuando las mujeres de todo el mundo tuvieron conocimiento de que podían parir sin que les doliera no aceptaron cuentos y exigieron el maravilloso alivio. Con el tiempo el debate no era si aplicarlo o no, sino qué tipo de anestesia era el más adecuado. Y aunque parezca mentira, todo este adelanto tuvo su revés en los años sesenta, cuando un grupo de mujeres radicales, ésas que se lo toman todo a pecho, puso en tela de juicio la capacidad maternal de aquellas que recurrían al parto sin dolor. Para estas renegadas, desleales y poco solidarias con su condición femenina, la mujer que paría sin dolor no sentía la llegada de su bebé y no la vivía con la intensidad necesaria. Eso hacía que su compromiso con la maternidad no fuera válido y empezaron a gritar: "Parto natural para todas". Pobres, nadie les enseñó que una nunca, pero nunca, escupe para arriba.

Esas radicales no entendieron que el parto natural, como la liberación femenina, lo que nos ofrecía eran opciones y no imposiciones. Que a partir de ese pañuelo mojado con cloroformo, teníamos la oportunidad de elegir la forma en que deseábamos traer a nuestros hijos al mundo. Que el dolor podía dejar de ser la peor parte de este momento maravilloso en la existencia de cualquier mujer y que si nadie aguanta a palo seco una cirugía a corazón abierto, o un simple dolor de cabeza, por qué habríamos de soportar dolores, de ésos precisamente, de los más horribles... los de parto.

PREPARÁNDONOS PARA LA GUERRA

Con el paso del tiempo se logró que el acto de dar a luz fuera menos traumático.

Hoy existen muchas técnicas para ayudarnos a enfrentar ese momento y hasta cursos previos de educación para el parto. Como si nos dirigiéramos hacia una guerra inminente o tuviéramos que prepararnos para un desastre natural, en estas clases se pretende proporcionar información detallada con miras a reducir el miedo, aumentar la capacidad de enfrentarnos al dolor y, en medio de esos dolores, ser capaces de tomar decisiones (claro, como si fuera posible usar un cerebro que desde el tercer mes ha brillado por su ausencia y hacerlo justo cuando nuestra cadera parece estarse rompiendo). Hay técnicas de relajación, distracción, control muscular y actividad respiratoria cuyo propósito es aumentar nuestra resistencia y ayudarnos a reducir la percepción del dolor. Al menos esto es lo que dicen los libros y la publicidad sobre estos cursos, creados con la intención de facilitarnos ese momento indescriptible de nuestras vidas. No sé desde qué punto de vista hay que mirarlos, porque a mí, entre toda esa aparente enseñanza, me quedan clarísimas varias palabras; Miedo, Dolor, Resistencia, Reducir, Capacidad de Enfrentar y creo que no tienen nada de bonito, ni de maravilloso.

Una amiga me dijo que el sólo leer esas líneas le creó un pánico tan agudo y una sensación tan horrible que sintió deseos de salir huyendo. No quería ser parte de esta experiencia que a ella le habían dicho sería la más hermosa de su vida y que por los vientos que soplaban parecía más bien la llegada de un tornado. Se sentó durante horas en el cuarto del futuro bebé con la sensación de estar metida en un lío. Cuando su marido entró y le preguntó qué le pasaba, sin la menor duda le contestó: "Que no voy a ser capaz de tener este hijo. Así que ni modo, que se quede adentro para siempre porque no voy a ser yo quien lo tenga".

Por supuesto que el esposo pudo corroborar al fin su teoría de que su mujer estaba loca y esa misma noche mi amiga se vio forzada a enfrentarse a la realidad. Soñó que pasaba los nueve meses embarazada, pero que a la hora del parto el bebé se mudaba a la barriga de su esposo y era él quien lo traía al mundo. La imagen de su marido pujando y dando alaridos no fue un sueño sino una pesadilla. Ese hombre que no toleraba ni un dolor de cabeza sería incapaz de parir a la criatura. Imaginó a su pobre bebé viviendo para siempre en la barriga de su marido hasta convertirse en un viejito con canas y arrugas. Así que por más miedo que tuviera, por más injusto que le pareciera, no le quedaba otro remedio que aceptar su protagonismo absoluto en el proceso.

Se embarcó en uno de estos cursos con la esperanza de que le sirvieran de algo; estaba convencida de que guerra avisada no mata soldado. Además, una de sus amigas ex embarazada le hizo un lavado de cerebro al más puro estilo de secta religiosa, hablándole de las maravillas que brindaban los cursos. Según esta veterana, los beneficios abarcaban mucho más que el parto, así lo decían los libros sobre el embarazo y muchas mujeres graduadas en la escuela de los partos sin dolor.

Y los beneficios son muchos, dependiendo del punto de vista con el que se les mire, de la personalidad de la embarazada y del romanticismo que deseemos imprimirles. Se afirma que se trata de una magnífica oportunidad para reunirse con otras parejas que esperan un hijo; de compartir las experiencias del embarazo y de discutir las dolencias que nos han aquejado durante esos largos meses. Yo creo que cuando llegamos a esas clases lo menos que deseamos es pasárnosla hablando de unos males que ya nos han cansado aun a nosotras mismas. Y no me veo compartiendo con miembros del sexo masculino, verdaderos desconocidos para mí, las hemorroides, el estreñimiento y mi imposibilidad de cerrar las piernas. Ya es suficiente con que el marido de una se esté dando cuenta de estas miserablezas para también hacerlas públicas. Las más cursis dirán que si no quieres compartirlas, el curso sigue siendo una magnífica oportunidad para hacer "amigos con hijos de la misma edad", y luego realizar reuniones cuando los niños ya hayan nacido. Algo así como un centro de socialización prenatal, donde los niños podrán decir en un futuro que se conocen desde que estaban en el útero de sus mamás. Toda una vida social desde las plácidas aguas del líquido amniótico.

Los cursos también son muy recomendables para aquellos padres que no han podido asistir a las visitas prenatales. Así ellos por fin se empaparán del tema y podrán expresar y buscar alivio para esas ansiedades que no han sido capaces de comunicar a sus esposas. En pocas palabras, un centro asistencial para ellos, no para nosotras, y un lugar a donde pueden ir a quejarse de sus mujeres con otros hombres que están en la misma posición.

Ofrecen también la oportunidad de desarrollar confianza en la propia capacidad para hacerle frente al parto. Algo así como crear la fe en que sí seremos capaces. Como si tuviéramos alternativa y la capacidad de parir fuera un tema en el que pudiéramos elegir si vamos a poder o no. Aquí no tenemos de otra. Sin embargo, según estos cursos, es mejor el conocimiento que la ignorancia, y si uno sabe hacia dónde va, las cosas se facilitan. Puntos de vista, porque si a mí me dicen que vamos a Disney World, voy encantada. Ahora, si me comentan de las largas e interminables colas en cada juego para después tener escasos cinco minutos de entretenimiento; que hay que estar allí al amanecer; que hará un calor agobiante; que comeré mal y caro, y terminaré como chupón de orfelinato, la verdad es que el plan no se me antoja para nada. En este caso soy de la vieja guardia y prefiero esa maravillosa ignorancia que acompañó a nuestras bisabuelas y abuelas. Esa misma ignorancia que hacía que procrearan sin preguntarse nada, sin temerle a nada, porque no sabían lo que les esperaba. Cuando ya lo experimentaban, la llegada del bebé y la famosa hormona del olvido hacían su trabajo y si te vi no me acuerdo.

La parte más práctica de estos cursos se basa en los métodos para ayudar a reducir la percepción del dolor y, por consiguiente, a tolerarlo mejor. La posibilidad, que quede claro, La Posibilidad, de un parto menos agotador y tal vez (otra vez la Posibilidad, no la certeza) de un parto ligeramente más corto. Ellos mismos aclaran que no existe la garantía de un parto corto, tan sólo se trata de una posibilidad. El temperamento de la embarazada y su capacidad de entrenamiento mental son primordiales para el éxito de estos cursos.

A algunas amigas les sirvió muchísimo y afirman que entre respiradera y respiradera lograron olvidar un poco los dolores. En cambio, otras sostienen que no les sirvió para nada, que los dolores eran tan intensos que los archivos de su memoria se borraron por completo y ni siquiera lograban recordar por qué diablos estaban allí.

Al final, lo único cierto es que, ya sea con el método Dick-Read, el Lemaze o el Bradley, la conclusión lógica de un embarazo es el parto. Que duele es lo único que tendremos asegurado. No hay que olvidar que la expresión más utilizada para un momento difícil, traumático, doloroso y digno del olvido es aquella que dice: "Fue todo un parto".

DE PARTO. SÍ, PERO NO

En los días o semanas que preceden al parto, nos falta poco para pedir a gritos que éste se presente. El miedo a ese momento desconocido o demasiado conocido se destiñe ante los dolores de espalda, los calambres, el ir y venir del baño, la imposibilidad de dormir y ese nuevo dolor del que tampoco nos habían hablado y que acaba de aparecer. Sí, ése que es como una punzada donde todo empezó y que no nos deja cerrar las piernas. Esta nueva molestia tiene nombre y apellido. Es el resultado de un bebé que ya se encajó en nuestra pelvis y se está acomodando para su salida. Hay que rogarle a Dios que el niño o niña sea lo suficientemente considerado como para no posarse en algunos de nuestros nervios. Si no lo es, habremos de conformarnos con esperar el parto con una pierna tiesa, como le pasó a una de mis amigas. El dolor era tan intenso cada vez que intentaba moverla que las lágrimas corrían por sus mejillas al más puro estilo de Heidi. Ya hasta lloraba al pensar en que lo iba a sentir. Cada vez que su vejiga le exigía ir al baño, que era más o menos cada media hora, empezaba a desaguar en el camino al imaginar el sufrimiento que le esperaba. Llegó a pensar que la llorada podría ser un buen sustituto de la orinada, pero no, aparentemente era tanta su producción de líquido que necesitaba otra vía de escape. Por supuesto que este sufrimiento tuvo cura, aunque hasta el día de hoy no sabe qué fue peor, si el remedio o la enfermedad, porque el dolor no es que se le haya ido, sino que se le confundió con el de las primeras contracciones.

Ella, como muchas otras mujeres, tenía la falsa impresión de que la primera contracción era sinónimo de parto inmediato. La verdad es que se trata sólo del principio de un parto con dolor, que no significa dolor en el parto, sino horas de dolores antes de éste. ¿Cuántas? Un promedio de entre doce y dieciséis, y sigue contando, porque hay historias de mujeres que han pasado días en el proceso, aguantando como todas unas guerreras de la vida. Ellas no tuvieron la suerte de una minoría que rompen fuente y tres horas después tienen a sus bebés en los brazos. En esto de los partos no hay nada seguro. Son muchos los avisos de que está cerca el momento, pero, ¿qué tan cerca? Ésa es la pregunta del millón que sólo puede ser contestada si se trata de una cesárea.

En algunos libros sobre el tema se afirma que la naturaleza —otra vez súper sabia— provoca que la mujer sienta una necesidad imperiosa de hacer limpieza cuando ya se acerca el momento. Cuentan historias de señoras que han bajado todos los anaqueles de la cocina, movido los muebles de sitio (cosa que dudo porque la barriga no da para tanto) y hasta se han dedicado a cortar la hierba del patio, sintiendo que esta ansiedad por que todo esté perfecto las prepara para la llegada de esa nueva personita.

Ahora bien, todos esos libros son estadounidenses y, por lo tanto, no manejan la cultura del servicio doméstico como en América Latina, porque mis amigas latinas no conocieron esa sabia naturaleza gringa. Ellas aseguran que lo único que querían en esos días previos era estar tiradas en una cama, con los brazos y las piernas desparramados y que se las llevara el diablo si era posible.

Cansancio, desesperación, mal genio y unas ganas locas de que todo se acabe, son las emociones más claras en la etapa previa al parto. En el aspecto físico aparecerán unos flujos mucosos, signo inequívoco de que el cuello de la matriz se está borrando y dilatando, iniciándose así el proceso que conduce al temido momento. Un proceso bastante excéntrico que puede mantenernos en suspenso hasta las primeras contracciones, en un promedio de entre doce horas y cuatro semanas, mientras el cuello sigue su dilatación.

Muchas amigas me han dicho que el día anterior al parto sintieron cólicos todo el día y tuvieron diarrea. Al final concluyeron que era parte del mismo rollo y que las primeras contracciones se parecen mucho a los cólicos. De igual forma, se acogieron a la madre naturaleza para que le diera una explicación sabia a la diarrea y decidieron que los intestinos se estaban limpiando, en un instinto básico de preparación para la llegada del bebé. Así no era necesario aplicar el famoso enema antes del parto y una se evitaba este desagradable trance no bien llegada al hospital, con la posterior y lógica evacuación.

La expulsión del tapón mucoso es otro síntoma de que estamos cerca del final. Podemos botarlo dos semanas antes de que aparezcan las primeras contracciones o justo al iniciarse la dilatación. Este tapón sangriento y mucoso es el encargado de no dejar pasar bacterias y gérmenes a la cerviz mientras el bebé está adentro. Cuando empieza la dilatación del cuello, el tapón reduce su tamaño, se desprende y por lo regular cae en el inodoro. No hay que asustarse y pensar que se nos puede salir en cualquier lugar, ya que la gran mayoría de las veces es lo suficientemente higiénico y considerado como para no hacernos pasar un mal rato.

No podemos decir lo mismo de la ruptura de la fuente. Como es obvio, cualquier embarazada que se precie sabe que no se rompe ninguna fuente, que ése es sólo un término para la ruptura de la membrana que acogía toda esa agua donde flotaba el bebé. En quince por ciento de los casos la membrana se rompe antes de que empiece el parto. El ochenta y cinco por ciento restante es un enigma que ni la muy inteligente naturaleza ha logrado explicar. Por eso se recomienda que las semanas previas a la fecha probable de parto se ponga un plástico en el colchón de la cama, como si fuéramos niños en etapa de entrenamiento, y que intentemos andar siempre con un pañal para la incontinencia urinaria por lo que pudiera suceder.

Los imprevistos suceden.

Mi hermana Soqui, a los ocho meses de embarazo, le pidió permiso al médico para ir de compras a una ciudad cercana. Le hacían falta algunas cosas para el bebé y quería conseguirlas en unos almacenes situados a una hora y media de viaje. Estaba admirando embelesada unas sabanitas bordadas cuando sintió un chorro de agua que le corría entre las piernas; entonces le gritó a nuestra señora madre que se encontraba a unos cuantos pasos, que se acercara. Hasta el día de hoy jura que lo hizo con calma y sin grandes aspavientos, pero se armó la tremolina. Las demás personas que se dedicaban a las compras dejaron todo tirado para ayudarla; querían sentarla, pararla, acomodarla, llamar una ambulancia y se gritaban unas a otras mientras ella se sentía como una de las cataratas del Niágara en exhibición abierta al público. Su sensación quedó confirmada cuando oyó por los altavoces: "Atención compradores, en la zona de bebés hay una señora de parto. Les rogamos despejar el área". Cuál despeje; la gente corrió para ver el espectáculo.

Sin embargo, el líquido no siempre sale a chorros y como dice una de mis amigas, si es gotera prepárate para sentirte igual que una llave del baño dañada: gotita a gotita, con ese sonido imaginario que puede llevarte a la locura. Al fin y al cabo el agua que gotea ha sido desde tiempos lejanos una forma de tortura. Las dos buenas noticias sobre la ruptura de la fuente son: una, que no duele, y dos, que ningún médico nos dejará desaguando más de unas cuantas horas. Lo que quiere decir que ya llegó el momento, que ahora sí finalizará este Vía Crucis y que muy pronto tendremos en nuestros brazos su maravilloso resultado.

Pero todavía nos falta el cierre oficial; para que en realidad estemos de parto necesitamos sentir que las contracciones se intensifican, en vez de aminorar, y no se reducen aunque cambiemos de posición. Un dolor gigantesco que comienza en la parte baja de la espalda y se extiende hasta la parte baja del estómago, llegando muchas veces a las piernas. Las contracciones se presentan más seguidas, más intensas y en algunas ocasiones acompañadas de trastornos intestinales y diarrea. Esto último es lo único que nos faltaba.

En tales momentos suceden dos cosas importantísimas en nuestro cuerpo: se está borrando el cuello, que no es otra cosa que la reducción del cuello uterino. Para cuando una ya está lista para pujar, esta parte ha dejado de ser algo parecido a un túnel y se convierte en una membrana entre el útero y la vagina. El segundo proceso que se lleva a cabo es el más importante: la dilatación. Sí, necesitamos que nuestra cerviz se abra diez centímetros para que pueda salir la cabeza del bebé y enseguida puedan entrar la mano y el brazo completo del ginecólogo.

Por supuesto que la dilatación y las contracciones van de la mano. La sensación es muy parecida a un cuchillo con el que nos picaran el estómago o como si alguien dentro de nosotros tirara de nuestra pelvis, en una pelea, a ver quién se queda con el lado derecho o el izquierdo. Los dolores llegan a ser tan fuertes como para quitarnos la respiración y cualquier vestigio de buen humor con el que alguna vez contamos. No queremos estar allí, mucho menos en un cuerpo que parece estarse desmembrando. La única solución es ponernos en la posición en que estemos más cómodas y caminar si el cuerpo nos da para eso. Podemos (si aún es posible) seguir los consejos de los libros escritos por esos médicos afamados que nos recomiendan guardar la calma. Intentar relajarnos entre contracción y contracción. Tomar bebidas ligeras para reemplazar los fluidos y mantener la boca húmeda; si el médico prohíbe tomar bebidas, habremos de conformarnos con chupar cubitos de hielo. Orinar periódicamente. Y, para finalizar, tener ánimo, pensar en todo el camino que hemos recorrido y no en lo que nos falta todavía. Qué cierto es que los toros definitivamente se ven mejor desde la barrera.

Mi amiga Luz María fue una de esas parturientas que no tuvo tiempo para concentrarse en las contracciones. Su cabeza estaba en otra parte y no porque Dios la hubiera bendecido con un acto de bloqueo mental, sino porque con la primera contracción le empezó una fuerte comezón en todo el cuerpo. Eran tantas las ganas de rascarse o, mejor dicho, rasgarse las vestiduras con las que vino al mundo, que las primeras contracciones le pasaron por completo inadvertidas. Pasó las horas anteriores al parto untándose leche de magnesia, concentrada en su labor, no de parto, sino de rascarse. Hasta el día de hoy no ha tenido explicación esta extraña alergia, lo único que se concluye es que era parte de su embarazo, porque con la llegada de su hija desapareció para siempre.

Ya llegó la hora dulce y bendecida

Hoy día son muchas las alternativas con que contamos para traer un hijo al mundo. Aún hay mujeres que deciden regresar al pasado y tener a sus bebés en casa con comadrona, como lo hicieron nuestras abuelas, bisabuelas y tatarabuelas. Otras han ido mucho más lejos en el tiempo, y como las indias, deciden tenerlos al aire libre, agachadas y cerca de la madre naturaleza. También están quienes paren en piscinas especiales para que sus bebés tengan una transición más sutil y no se traumaticen por pasar de un mundo líquido a uno seco. Y están las más normalitas, que deciden ir al hospital y elegir entre un parto natural con dolor o sin dolor, o considerar la posibilidad de una cesárea.

Lo primero que hacen con una cuando llega al hospital es ponerle una inyección intravenosa conectada a una botella de solución salina. La idea es mantenernos hidratadas y que en caso de que se necesite otro tipo de medicamento puedan administrarlo por medio de la misma aguja. Ya para este momento, a cualquier mujer nos da igual que nos pinchen o que nos hagan lo que quieran.

Estamos descubriendo que no es fácil dilatar los malditos diez centímetros y nos sentimos en una maratón en la que compiten la intensidad de las contracciones con la frecuencia en que se dan. Muchas sienten que no van a poder con el parto, que el desconocimiento de cuánto tiempo más va a durar este suplicio las agobia y que ya no tienen fuerzas para nada. A otras el cuerpo decide recordarles cómo fue el principio de todo y las náuseas hacen su aparición de nuevo.

Entre las náuseas y las contracciones sin duda aparecerá una enfermera para realizar la nada placentera labor de ponernos un enema. El vaciado de los intestinos antes del alumbramiento es importante porque previene la compresión del canal de parto por la materia fecal dura que se encuentra en el recto, dificultando el descenso del bebé. Evita también la contaminación de la zona estéril del parto a causa de la evacuación involuntaria, ahorrándonos así la vergüenza de pujar y que salga todo menos la cabeza del niño (algo que no podremos evitar del todo, pero con el enema por lo menos lograremos que nuestras miserias sean las mínimas).

Otra parte de esta rutina es la depilación de la zona púbica. Con una cuchilla de afeitar y una destreza envidiable le quitarán a una todos los vellos de la zona en cuestión por aquello de que pueden causarle una infección al bebé cuando pase por el orificio de la vagina. Aunque esta zona está empapada en una solución antiséptica que evita las infecciones, algunos médicos siguen prefiriendo la depilación para facilitar la episiotomía y la sutura en una zona más limpia. Y me imagino que además sería un enredo trabajar entre los pelos y el hilo con que cosen la herida.

Y allí estamos, acostadas con las piernas colgando en los estribos (el nombre en sí no es muy bonito que digamos), desnudas, temblorosas y con escalofríos, mientras el ginecólogo se encuentra sentado entre nuestras piernas como cátcher de partido de beisbol. En esta posición humillante empezamos a pujar. Acto sumamente conocido porque es el mismo que hacemos en el baño y mucho más fácil para las que han tenido problemas de estreñimiento. Sólo que esta vez lo hacemos con un público desconocido que espera que con cada contracción nos agarremos de las piernas y pujemos con todos los músculos disponibles entre el cuello y el dedo pequeñito del pie. Si tenemos la sensación de estar haciendo popó, hay que felicitarnos porque de eso se trata.

Aunque nos hayan puesto el enema, el único orificio por el que está saliendo algo por el momento es justamente el ano. Si, cada vez que pujamos, recordamos el dolor intenso sufrido cuando nuestro hermano mayor nos agarraba por la cola de caballo y la estiraba hasta que sentíamos que los ojos se nos salían de las órbitas, esto también quiere decir que estamos haciendo un buen trabajo.

Si el parto es cien por ciento natural, el momento más terrible de nuestra vida se acerca cuando el médico empieza a exigirnos que pujemos. Sí, la naturaleza nos está guiando para hacerlo, pero la realidad es que no somos tan tontas como para creer que sacar a ese bebé no va a doler. El ardor en la zona vaginal y el dolor de sentir que la pelvis se está rompiendo cada vez que lo intentamos, van más allá de cualquier explicación. Son tan intensos que los médicos aprovechan uno de estos momentos, que por supuesto son varios, para practicar la episiotomía: una incisión quirúrgica que se practica en el periné para agrandar el orificio vaginal (como si los diez centímetros ya no fueran suficientes) antes de la salida de la cabeza del bebé.

Para ser un poco más explícitos, la episiotomía consiste en que el ginecólogo agarra unas tijeritas, muy parecidas a las que una usa para cortarse las uñas, y corta desde el orificio vaginal hasta el ano con la misma destreza con que se corta un pedazo de tela.

La razón de ser de esta cortadita radica en que lo más seguro es que el bebé nos rasgue al salir y es más fácil suturar una herida con los bordes rectos que una con bordes irregulares. Esta episiotomía que se hace hacia el recto se llama mediana y tiene la ventaja de que cicatriza mejor, provoca menos sangre, y ocasiona menos infecciones y molestias posparto. El problema es que presenta mayor riesgo de un desgarramiento hasta el recto (es decir, que de una vez por todas nuestros dos orificios se unan en un gigantesco círculo). Por eso algunos médicos prefieren la episiotomía medio lateral, que se dirige hacia un costado, alejándola del recto; ésta es tan útil que puede acortar la fase de expulsión entre quince y treinta minutos. Lo malo es que provoca hemorragias excesivas, molestias inmediatas después del parto y un dolor intenso durante el acto sexual en los meses venideros.

Entre quince y veinticinco por ciento de las mujeres necesitan este tipo de incisión. Entre veinticinco y treinta por ciento sufre desgarres que requieren suturas. Cuatro por ciento padece laceraciones graves que se extienden hasta el recto, inconvenientes que los médicos deben tomar en cuenta y tratar de prevenir en lo posible.

Mientras seguimos pujando y ya después de que nos han metido tijera, no hay que asustarse si alguna de las enfermeras o de los asistentes del doctor se encarama encima de nosotras y empuja nuestra barriga hacia abajo. Esto también es normal. Como también lo es que en uno de cada tres partos la naturaleza deje ya del todo de ser tan sabia y requiera un empujoncito. Si la dilatación es débil, errática o se ha detenido; si el bienestar del bebé está en entredicho; si la prueba de estrés muestra que la placenta ya no funciona de manera óptima y el medio ambiente uterino ya no es sano, hay que prepararse para la inducción del parto.

Por medio de esa misma agujita que tenemos en la mano nos inyectarán una sustancia conocida como Pitocin para acelerar las contracciones y la dilatación. El problema es que también acelera la intensidad de los dolores y allí sí desearemos estar muertas.

En medio de este espectáculo nada placentero de pujaderas, piernas temblorosas colgantes, sudor, escalofríos, calambres, náuseas y una que otra queja (por supuesto que se valen los gritos y hasta los alaridos), por fin aparecerá la cabeza del bebé por el orificio agrandado por vía natural y manual. No hay que cantar victoria pues el nacimiento es un proceso en el que se da un paso hacia adelante y otro hacia atrás, así que puede ser frustrante sentir que la cabeza sale para volver a entrar. El médico introducirá la mano para ayudar a salir al bebé y no hay que preocuparse por el dolor, ya que para entonces en ese hueco cabe hasta un refrigerador. Le cortará el cordón umbilical y se lo entregará a la enfermera.

Sin embargo, el traqueteo sigue porque todavía faltan cosas por salir. Un último empujoncito para que salga la placenta; el ginecólogo vuelve a meter la mano para limpiar el útero lo más que se pueda y evitar en parte aquellos dolores posteriores llamados entuertos. Acto seguido nos colocará una inyección de analgésico local y procederá a suturar cualquier desgarramiento que se haya producido, más la heridita que él mismo hizo. El analgésico nos brindará la dicha de no sentir las puntadas, hasta llegar a esa última puntadita, la más cercana al ano y con la cual seguramente sentiremos la muerte. Por alguna razón que se desconoce hasta el día de hoy esa zonita es inmune a los analgésicos.

Éste es el tormento de las que deciden tener un parto natural y quieren sentir minuto a minuto el nacimiento de sus hijos. Un acto algo masoquista si se toma en cuenta que existe un parto natural sin dolor. Una maravilla de la alta tecnología médica y que a mí se me antoja el mejor invento del mundo. Quedó atrás el algodón untado con cloroformo del doctor Young Simpson para dar paso a un método que alivia el dolor a través de una inyección llamada epidural. Desde luego que en esto de la maternidad, este alivio no nos iba a llegar indoloro, pues no olvidemos que la idea del Creador era justo lo contrario. Así que esta combinación de drogas para llegar a la columna no tienen otra vía que un gran puyazo. Acostada de lado, en la posición más cercana a la fetal que la inmensa barriga nos permita y con la ilusión de que no se presente una contracción, el anestesiólogo nos pondrá primero una inyección para dormir la zona en donde introducirá la otra inyección. Ya sea la Bupivacaína, la Lidocaína o la Cloroprocaína, la única forma de inyectarlas en la zona peridural es a través de un fino tubo que se inserta por medio de una aguja de aproximadamente nueve largos centímetros. Este tubo se quedará en ese lugar durante todo el parto al igual que la intravenosa que ya tenemos incrustada en la mano. Pero aquí nada es gratuito, ya que este método puede bajar nuestra presión sanguínea, característica que lo hace un tanto peligroso. Además puede inhibir la necesidad de pujar y la de orinar, lo cual implica introducir un catéter en el orificio de la vejiga para drenar la orina. Nada, que después de esta experiencia ya no seremos vírgenes por ninguna parte. Nos han metido todo lo que han podido por todos nuestros orificios de la cintura para abajo.

Cómo serán los dolores de parto que la gran mayoría de las mujeres consideran todas estas tribulaciones de la epidural una bendición que les bajó del cielo. En pocas palabras, el que las pinchen con todo tipo de agujas, les metan catéteres, las volteen de un lado para el otro y sientan que un shock eléctrico les está entrando en las piernas, es como si se les hubiera aparecido la Virgen a brindarles unas contracciones sin dolor.

La epidural es también el método más usado para una cesárea, operación quirúrgica rechazada por muchas mujeres por considerar que les quita la oportunidad de sentir el nacimiento de sus hijos, no les permite participar activamente en el parto (como si para este momento quisieran formar parte activa en algo) y las hace perderse de la magia de un parto natural. Yo no sé qué tiene de mágico, porque después de presenciar ambos procedimientos considero que la cesárea es menos humillante, más limpia y tiene la maravillosa capacidad de librarnos de los dolores, la pujadera y esa cosa nada agradable que sale del otro orificio y que no es precisamente la cabeza del bebé.

Tampoco quiero decir que se trate de un paseo. Estamos de acuerdo desde un principio en que aquí la cosa nunca será fácil. Así que ya terminada de aplicar la epidural con todos sus bemoles, el ginecólogo pasa al departamento de carnicería. Con un bisturí abrirá la primera capa, la de la piel, procedimiento que se siente como si hubieran abierto una cremallera en la parte baja de la barriga. Paso siguiente hará dos cortes en los músculos y los jalará, como quien está limpiando un trozo de carne. Otra incisión en la capa del peritoneo, que es la que cubre las vísceras (no está de más informarles que para este momento los chorros de sangre son bastante respetables), para finalmente llegar al útero. El chorro del líquido amniótico se confunde entonces con el sangrerío que ya se había armado. El ginecólogo mete la mano en este huequito que parece una media de nylon por lo elástico y saca al bebé. Corta el cordón umbilical y mete mano otra vez para sacar la placenta y cosas restantes. Cuando parecía que ya nada más podría salir de ahí, vuelve a introducir la mano y acto seguido saca el útero, lo deposita sobre la barriga de la parturienta y empieza a limpiarlo con la misma parsimonia con la que cualquiera de nosotras limpiaría por dentro un florero de plata. Una vez reluciente, lo devuelve a su lugar y hace conteo de las gasas que durante la cesárea fue introduciendo, para dar paso a la sección de costura. Para ellos las puntadas tienen nombres como sutura en uno o dos planos, en puntos X o continua. Yo creo que vienen a ser el equivalente médico a las puntadas en cruz, en cadeneta o el punto atrás. Y así van cerrando cada capa, una por una, con los diferentes tipos de puntadas y agujas, con eficiencia de monjas enclaustradas. Les dejo de tarea el dolorcito que nos espera los días posteriores al traqueteo al que estuvimos expuestas. La buena noticia es que ahora sí se pueden tomar calmantes.

El temido y esperado momento pasó. Estos nueve meses de guerra han llegado a su fin con la batalla campal del parto. Por eso no tiene por qué sentirse mal si después de ver a su bebé, corroborar que se encuentra bien y contarle todos sus deditos, lo único que desea es que se lo lleven. Muchas mujeres no quedan enamoradas profundamente de sus hijos en ese instante, y eso les causa un sentimiento de culpa. No hay que olvidar que el parto es traumático y que no todas somos del equipo de las de instinto maternal. Habemos muchas que somos más consecuentes con nuestra realidad y ésta es que se tienen todas las razones para estar agotadas, adoloridas y muertas de cansancio. Además, el bebé no se irá a ninguna parte; si algo tenemos asegurado es que es de nosotras y que será nuestra responsabilidad por el resto de nuestra vida. Esto nos va a quedar clarísimo cuando ya de vuelta al cuarto en medio de las incomodidades, los dolores y las visitas, nos enfrentamos a un ser indefenso que depende por completo de nosotras. Dios no nos dio siquiera el chance de que en esta nueva etapa el padre de nuestro hijo corriera con el departamento de la alimentación. Hubiera sido un descansito que por lo menos ellos pudieran amamantar, pero no fue así, y no se puede cambiar lo incambiable. Lo que sí podemos hacer es empezar a involucrar a ese señor en una paternidad que hasta ese momento se limitó a la observación, la espera y la impotencia. Porque, aunque ellos mismos declaren que si la creación de la humanidad dependiera de los hombres ya no habría humanidad, la verdad es que no es nada fácil ser parte de un negocio en el que tenemos las manos atadas.

6

¿Y ellos qué?

Es indudable que la maternidad, por razones biológicas y culturales, ha sido a través de los siglos un área reservada para las mujeres. En épocas pasadas los hombres no tenían ningún tipo de participación en ella y veían el nacimiento de sus hijos como un proceso del que estaban excluidos gracias a Dios y a la madre naturaleza. También es cierto que no tenían ni la menor idea de cómo funcionaba, ya que las mujeres no osaban quejarse de algo mandado por el Altísimo. Así que ellos se escudaron en la ignorancia para jugar el papel ausentista que la vida les asignó, limitándose a ser unos socios inservibles.

No era su culpa, basta leer la Biblia para advertir que al pobre José a duras penas lo mencionan cuando se refieren a su hijo. A este ignorado hombre le fue tan mal que ni siquiera le dieron la oportunidad de engendrarlo. Tuvo que aguantar hasta el trance de que el padre fuera otro y encima pasar a la historia como un ser gris ajeno a la paternidad de su glorioso hijo. A veces pienso que los Josés de este mundo terminaron pagando los platos rotos de Adán y que Dios, todavía con el mal sabor en la boca provocado por la falta de valentía de su primer hombre, no se atrevió a poner en manos de su creación masculina la importante labor de procrear al salvador de la humanidad. No le quedó más remedio que tomar las riendas del asunto en sus propias manos y mandó al Espíritu Santo a que hiciera el trabajito en su nombre. El papel de José en este momento tan importante del cristianismo quedó reducido al de un hombre que llevaba a su mujer de un lado a otro en un burro, que no tuvo más que ofrecer que un pesebre para el nacimiento de su hijo y que al final se paró al lado, como cualquiera de los burros o vacas que participaron en el evento (por lo menos así se ve en el pesebre).

Las cosas cambiaron cuando surgió la liberación femenina y de pronto las mujeres salimos del agujero de la "no existencia" para afirmar a gritos que sentíamos, que pensábamos, que vivíamos. Queríamos ser parte activa del mundo en el que habitábamos y que los hombres fueran también parte activa de nuestra existencia. Entonces ellos tuvieron que empezar a sensibilizarse ante nuestras necesidades y, por consiguiente, a ser más participativos. Es por eso que en los umbrales del siglo XXI nos encontramos con unos compañeros de lucha más preocupados por su paternidad, con infinidad de dudas y miedos.

El punto de partida es que para ellos nosotras somos, en nuestro estado normal, seres a quienes no entienden. En el embarazo pasan de no entendernos a no saber quiénes somos y lo poco que habían logrado en términos de conocimiento se pierde en un gigantesco alboroto de hormonas. El esposo de una amiga mía está convencido de que todas las mujeres del mundo tenemos el síndrome de Sybil y que hacemos uso de él cuando esperamos un hijo. Según este futuro padre, su esposa no cambió de personalidad sino que tenía una gama de ellas, y cada vez que llegaba a casa se enfrentaba a una nueva persona. Era como un centro ambulante de reacciones inesperadas; hasta le aterrorizaba llevarla a un restaurante, no fuera a suceder que no tuvieran las papas que quería y la noche terminara con un insulto al mesero y una sesión de llanto. Como era de esperarse, hasta el día de hoy afirma que el embarazo de su mujer terminó con sus fantasías, esas muy masculinas, de que seamos diferentes mujeres para ellos. Las personalidades de ella no tenían nada que ver con la de la bailarina de la danza del ombligo, la de la prostituta de una corte europea o la de una extraña que se encuentra en la calle para una sola noche de amor. Durante nueve meses vivió con una desconocida y esa situación fue todo menos divertida. Su máxima ilusión en esa época era que su mujer fuera la misma a la que había embarazado.

Y éste es uno de los grandes miedos que ellos experimentan durante un embarazo: que no volvamos a ser las mismas, y tienen bastante razón. No sólo cambiamos de personalidad, sino que ahora nuestro cuerpo se parece más al de la mujer elefante y no fue precisamente con ella con quien él hacía el amor. Nada está en su sitio y lo que lo está se dirige hacia una deformación completa. Les invade entonces un miedo horrible a no poder cumplir con sus deberes masculinos dentro del matrimonio, porque si su mujer se pone muy fea y se queda así de fea, no serán capaces de izar bandera. El nuevo padre ni siquiera puede usar esos senos frondosos que soñó alguna vez ver en su esposa, porque se han vuelto demasiado sensibles y más adelante se transforman en un centro de alimentación y goce para alguien que no es él. Un nuevo ser que llegará a quitarle su puesto de bebé oficial de la familia, lo cual se convierte en otro de sus miedos: no ser ya el centro de atracción. Tendrá que compartir la atención de su mujer con otra persona y si ya durante el embarazo se ha visto relegado a un segundo, tercer y hasta quinto planos, cuando nazca el niño dejará de existir por completo. En cierta forma es algo así como lidiar con los celos de los hijos ya nacidos ante la llegada de un nuevo bebé.

Por lo menos así me lo explicó una de mis amigas cuando hablamos de este tema. Es más, me aseguró que para ella la actitud demandante de atención de su marido durante su primer embarazo y posterior nacimiento de su hija le sirvió de práctica para su segundo hijo. "Tuve que aceptar que no tenía un solo hijo sino dos y más tarde tres. Ni modo, ellos son así. La diferencia es que tienes la certeza de que tus hijos van a crecer, se van a hacer adultos y se independizarán algún día; con tu marido sabes que su etapa de crecimiento llegó a su máximo y que siempre habrá un bebé en casa."

Si llegado este momento pensamos que lo último que nos faltaba entre todos esos males era lidiar con los miedos y ansiedades de un marido, estamos en lo correcto. Los hombres son egoístas por naturaleza, a grado tal que si hicieran un estudio emocional del líquido amniótico de un feto masculino, ochenta por ciento sería egoísmo, diez por ciento incapacidad para comprometerse y tomar decisiones, y el resto todas las monerías que los rodean. Teniendo en cuenta esto y entendiendo que es el primer paso hacia la resignación y la aceptación, podremos entonces comprender que sientan un miedo terrible a que la llegada de ese hijo les cambie la vida de pareja. Que esa persona dedicada a él y a sus necesidades desaparezca y él quede a la deriva. Que nunca más puedan volver a tener el sexo bueno o malo de antes. El futuro padre de nuestro hijo puede, al ver sus juguetes sexuales (léanse busto y vagina) reducidos a instrumentos de procreación, llegar a crear un enredo mental tan enorme que siente que su territorio ha sido violado. Nada que no se haya visto: cuentan las malas lenguas que aquel galán llamado Elvis Presley no volvió a tocar nunca más a su bellísima Priscilla después del nacimiento de la hija de ambos. La razón es bastante simple —sólo para él, por supuesto—; aparentemente no podía dejar de verla como una madre y todos sabemos que uno no se acuesta con su mamá. Esta actitud tan rara y desquiciada es estudiada en psicología y se conoce como síndrome de la

Madona. Y aunque sea doloroso y extraño, hay muchos Elvis por el mundo y no necesariamente porque sean buenos mozos, ricos y famosos.

Pero si de cabezas enredadas se trata, el síndrome de la Madona es sólo uno de los rollos mentales que pueden pasar por sus cabecitas. Hay otros hombres que es hasta el embarazo de sus mujeres cuando asumen que el asunto era para toda la vida. Se asustan al caer en cuenta de que estarán unidos a esa mujer para siempre a través de ese hijo. Sería bueno ponerles el video de su boda para que recuerden que el compromiso es hasta que la muerte los separe. Pero es que otra parte integral de la esencia masculina es el miedo a los cambios, al compromiso y a las responsabilidades. Por eso se atemorizan ante la perspectiva de que ya no podrán salir con sus amigos de parranda y seguir llevando una vida social activa; que a partir de ese momento y para siempre estarán encerrados entre pañales, biberones y horarios de cada tres horas.

La vida, como la conocían, se fue para no volver y ahora tienen que enfrentarse a una paternidad que los llena de ansiedades. Empiezan a preguntarse, después de haber comprado todo lo que requiere esta empresa llamada bebé, si serán capaces de mantener a sus hijos y seguir proveyendo para ellos en la medida en que crezcan y empiecen a costar más. Ponen en tela de juicio su capacidad como padres; no saben si estarán a la altura de lo que se espera de alguien que deberá dar ejemplo y guiar a este niño a ser un hombre o mujer de bien. Y hay que entenderlos, porque la mayoría de ellas no tienen a su cargo el sustento del hogar, aunado este hecho a que han convivido nueve meses con su hijo en tanto que a ellos la naturaleza los sacó del paseo y no los dejó hacerse a la idea en carne propia. Por eso es que muchas se quejan de que sus maridos no asumen su paternidad sino hasta los seis o siete meses de nacido el bebé. Y tienen razón, porque en esto mujeres y hombres somos como esos cables dobles que se instalan en los equipos de sonido: el rojo se conecta desde el instante en que sabemos que estamos embarazadas y el de ellos, el verde, no encuentra conexión hasta que su hijo ya es capaz de interactuar. Por supuesto, a muchos hombres de la generación de la alta culpabilidad, esta falta de identificación con un bebé que sólo duerme, come y hace lo propio, les crea sentimientos de culpa y serias dudas sobre su amor paternal.

A muchos varones, los más sensibles, todo este proceso los hace sentir desplazados y hacen todo lo imaginable por ser partícipes. Acuden a las citas médicas, consienten a sus mujeres, las llenan de mimos y atenciones y hasta se esfuerzan por estar presentes en el alumbramiento. Mis respetos a ellos porque no hay necesidad de presenciar un espectáculo tan desagradable para cualquier persona que no sea el médico, las enfermeras y la actriz principal. Mucho más cuando no hay ningún estudio que demuestre que los hombres que entran al parto de sus hijos son mejores padres o llegan a tener una mejor relación con sus retoños.

La realidad es que la mayoría de los que acompañan a sus mujeres lo hacen más por obligación que por decisión propia. Les aterroriza todo lo que tenga que ver con médicos, enfermedades y operaciones; es parte de su cobardía innata y les haríamos un favor prescindiendo de ellos en el parto. En tanto que a nosotras nos preocupa el dolor y no ser capaces de aguantarlo, a ellos los atormenta hacer un oso desmayándose o verse obligados a cortar el cordón umbilical. Todo este engranaje de inyecciones, bisturíes, anestesia y quejidos les crea una ansiedad más allá de lo tolerable. No ayuda en nada que queramos entrenarlos con anterioridad mostrándoles un video sobre el tema como lo hacen en los cursos psicoprofilácticos.

Mi amiga Lourdes consideró genial mostrarle a su marido un video de varios tipos de partos para aliviar sus temores. Él llevaba semanas angustiado ante la perspectiva del nacimiento y se lo había comentado. Fue ácido para la herida. Quedó aterrado y consternado ante lo que ella iba a pasar. Una noche la despertó cuando su mujer por fin había logrado conciliar el sueño entre la barriga, los calambres y la orinadera, para decirle que tenía otra preocupación.

—¿Cúal? —le preguntó ella.

—Acabo de darme cuenta de que tú te puedes morir, que esto es peligroso y yo me quedaría con un bebé y solo. ¿Qué voy a hacer yo con un bebé?

—No te preocupes —contestó Lourdes—, la pura imagen de ti solo con mi bebé es tan escalofriante que te prometo que no me voy a morir.

Con esta promesa y el mejor de los apapachos que la barriga le permitió, mi amiga consoló al padre de su hijo. Fue ella la que se quedó despierta pensando que sería un hermoso gesto de su parte evitarle a su marido el presenciar el parto. Al fin y al cabo él había sido uno de esos compañeros de embarazo considerados, atentos, comprensivos y había soportado todos sus cambios de humor sin chistar. Lo hizo por la ternura que se apoderó de ella esa noche de insomnio y porque le parecían de quinta esos maridos empeñados en mostrar a todos los visitantes el video del parto, como si fuera una película nominada para los Óscares. Las veces que tuvo que ver estos videos le pidió a Dios que le tocara cualquier tipo de marido, menos uno de esos que se empeñan en estar embarazados.

Entre todas las categorías de futuros padres de familia ésta es sin lugar a dudas la peor y más cursi del planeta. Esos hombres que deciden participar del embarazo queriendo sentir en carne propia todo lo que sus mujeres están viviendo. Son los clásicos que declaran con orgullo: "Estamos embarazados"; asisten a todas las citas médicas con cámara en mano; siguen al pie de la letra cada indicación del ginecólogo; llevan con sus mujeres la dieta y hasta dejan de fumar, tomar y bailar para acompañar a sus esposas en este proceso. Cuando les ofrecen un trago presumen: "No, gracias, estamos embarazados". (Conviene aclarar que estos especímenes son muy raros en América Latina y que si existen, después del embarazo su reputación habrá quedado en entredicho.)

Esta clase de hombre es peligroso porque lo más seguro es que desarrolle el síndrome de Couvade, palabra derivada del francés que significa incubar. Además, parte de la tradición gallega —gracias a Dios desaparecida—, en la cual el marido era el que recibía todas las atenciones posparto, como la consabida sopita —en este caso un caldo gallego— y la encamada por varias semanas. Aunque parezca mentira, entre once y sesenta y cinco por ciento de los hombres llegan a sufrir este mal, también llamado síntoma de solidaridad. Náuseas, vómitos, estreñimiento, dolores abdominales, aumento de peso y los consabidos antojos se presentarán para hacernos la vida imposible a las realmente embarazadas. No hay que ser muy inteligentes para saber que no hay nada peor en la vida que un hombre enfermo y que cuando ellos se sienten mal la cosa es de muerte lenta. Así que si nos toca uno de estos raros maridos nos veremos en la penosa tarea de cuidarlos porque sus náuseas pueden ser peores que las de nosotras y sus vómitos de carácter mortal.

Los expertos recomiendan que si nuestra pareja es uno de estos señores de inmediato lo mandemos a consultar a un médico para que encuentre la causa de su mal, porque es un hecho que no están embarazados y cuanto más rápido lo entiendan, mejor. Lo más probable es que su enfermedad no sea física y si en algún momento nos enternecimos por su solidaridad, en cuanto nos den el diagnóstico la ternura se convertirá en rabia e impotencia. La razón es muy simple: todos estos síntomas conducen a ese egoísmo que ya concluimos es intrínseco en ellos. Intentan llamar la atención porque se sienten excluidos o culpables ante nuestro deterioro, o están estresados por tener que vivir con una mujer caprichosa, irritable, que no suele ser muy receptiva a sus avances emocionales y sexuales. La ley del embudo: lo ancho para ellos y lo angosto para una, y la única cura es que los incluyamos entre todos nuestros males. A la lista de vómitos, náuseas, cansancio, estreñimiento, hemorroides, acidez, estrías, várices, orinadera, hinchazón y manchas en la cara, hay que agregar a un marido que necesita atención porque se siente excluido.

Pero no todos los padres son iguales. Hay unos que toman la posición de cuidadores oficiales de la incubadora: están pendientes de la mujer; le recuerdan tomar sus vitaminas; le ponen la mano en la barriga para sentir las pataditas del bebé; le dan masajes; la acompañan a caminar; corren a buscar el antojo de turno y la consienten como jamás volverán a hacerlo, a no ser con otro embarazo de por medio. Sin embargo, cuidado: entre estos hombres se encuentran también los radicales, que de cuidadores pasan a ser acechadores. Cualquier chocolate de más se convierte en una tragedia griega; si ella sube demasiado de peso controlarán cada gramo de carne y comprarán una báscula para tal menester. Como si estuvieran en el ejército la harán caminar tantos kilómetros a la velocidad requerida, querrán ensayar los ejercicios de respiración todos los días de ocho a nueve de la noche y le impondrán una dieta a punta de cosas saludables y nutritivas. Una pesadilla en medio de otra llamada embarazo.

Y no olvidemos a los tradicionales, esos maridos que son de la escuela de sus antecesores y a los que el embarazo se les resbala. Como en los viejos tiempos, éste es un asunto que no les concierne; la maternidad es cosa de mujeres, no se meten para nada y tampoco se involucran. Para ellos estos nueve meses, el parto y todas sus tribulaciones se reducen a decir con orgullo: "Voy a ser papá". Se les llena la boca ante este acto glorioso y su participación empieza cuando nace el bebé. Inician el tour paternal para todos sus amigos y celebran el nacimiento durante varios días.

Este orgullo y ánimo de celebración es el común denominador de todos los recién estrenados padres de familia. No sé si tenga que ver con aquello de la continuidad del apellido, del dejar algo de uno en este mundo o de la misma necesidad del ser humano de procrear. Pero no conozco a ningún hombre que no se infle ante esas dos palabras: "Mi hijo" (con la excepción de aquellos que engendraron fuera de la cancha). Eso no significa, por supuesto, que será un hombre dedicado al bebé, ansioso por cambiar pañales y dar biberones. Para la gran mayoría, los recién nacidos son para ver, no para tocar. Les da miedecito que sean tan frágiles, tan pequeñitos y tan aguaditos y es probable que les tome tiempo sentirse cómodos cargándolos.

Aun así, no podemos cerrar los ojos ante la realidad: esto del embarazo tampoco es fácil para ellos. Con la espera y la llegada de su primer hijo se llenan de inseguridades y ansiedades ante una serie de cambios y acontecimientos en los que su participación es mínima. Muchas veces no saben cómo actuar, mucho menos qué decir, porque cualquier cosa que expresen será usada en su contra. Según un amigo mío, éste es uno de los aspectos que más trabajo le costó, el de las preguntas sin una respuesta decorosa. Si su mujer le preguntaba: "¿Estoy muy gorda?", a él le daba escalofrío de sólo pensar que de ahí no iba a salir bien librado. La respuesta: "No, mi amor, lo que estás es embarazada" podía terminar en llanto y en una retahíla de lamentaciones porque le había dicho que estaba horrorosa cuando él era quien la había metido en ese lío. Si contestaba: "No, mi cielo, estás divina", tampoco tenía la paz asegurada porque ella lo llamaría mentiroso y sacaría a relucir de esa memoria extensa e inagotable todas las veces que le habría mentido con esa misma carita de santo. En cierta forma, para mi amigo el embarazo de su mujer era como jugar Nintendo: nunca sabía de dónde iba a salir el muñequito que lo aniquilaría, el túnel donde caería o los campos minados. Lo único que lo consolaba en esos momentos era la certeza de que ese estado pasaría; que las cosas cambiarían cuando naciera el bebé; que por fin tendría de vuelta a la mujer con la que se casó, y que algún día no muy lejano saldría de esa sequía sexual que lo estaba acabando. Desde ese maravilloso momento de la creación de su hijo, su vida sexual se convirtió en un deshojar margaritas, sólo que la pregunta no era: "¿Me quiere o no me quiere?", sino: "¿Me lo dará o no me lo dará?", "¿Querrá o no querrá?", "¿Se podrá o no se podrá?"

EL CASTIGO DIVINO

¿Se acuerdan de cómo empezó todo esto? No, no me refiero a aquel momento delicioso en el que se procreó nuestro hijo. Vayamos mucho más atrás, a ese acontecimiento en el que Eva le da la manzana a Adán y por primera vez tienen sexo. Si hacemos memoria, recordaremos que todo lo que nos está pasando en este embarazo no es consecuencia del acto sexual, sino el castigo que Dios nos acomodó por la osadía de haber incitado al primer hombre a estos menesteres tan pecaminosos. Cada dolor, cada malestar, cada síntoma es sólo el recordatorio de que el sexo nos traería problemas y —como dice mi amiga Flavia— el embarazo y toda su parafernalia no son más que ese castigo por haber gozado a un hombre.

Pues esta gozadera cambia desde el instante en que salimos embarazadas. Cincuenta y cuatro por ciento de las mujeres siente una baja notable de la libido durante los primeros tres meses de embarazo. El cansancio, las náuseas, los vómitos y el dolor en los pechos no son exactamente los mejores compañeros de cama. Además, tanto la mujer como el hombre se están acostumbrando a la idea de ser padres y atraviesan por una etapa de ansiedad y desconcierto.

No hay que olvidar que la sola imagen de nuestros padres haciéndolo es motivo suficiente para vomitar, aunque nosotros seamos la prueba viviente del hecho acaecido.

El desbalance hormonal tampoco ayuda en estos primeros meses. Si somos de esas mujeres a las que el castigo les llegó con todo, lo más lógico es que nos sintamos traicionadas y nos preguntemos en qué radica la belleza del embarazo. Habrá instantes en los que, en la búsqueda de esa mujer sexy y dispuesta que solíamos ser, la libido subirá como montaña rusa para luego caer de igual manera cuando el padre de nuestro hijo intenta tocarnos.

Para el segundo trimestre las cosas mejoran notablemente como consecuencia del propio embarazo. Son muchas las embarazadas que en esta etapa se vuelven totalmente libidinosas y no pueden ver a sus maridos en calzoncillos porque de inmediato le caen en la yugular. Desde luego, cuentan con la ayuda de una vulva que se ha vuelto ultrasensible y logran orgasmos nunca antes vistos y hasta los multiplican como el famoso milagro de los panes. Yo concluyo que esas canciones en las que se afirma que cuando hacían el amor alcanzaron a saludar a Dios, o se dieron el lujo de tocar las estrellas, o entraron en un trance tal que se les fueron el piso, la cama y las luces, son escritas por mujeres bajo la influencia de alguna droga o de un embarazo.

Pero así funciona y hay algunas que confiesan haber tenido orgasmos en un sueño. Y no me refiero a esos sueños eróticos con Richard Gere o Tom Cruise que de vez en cuando aparecen en nuestra existencia, sino a aquellos que se sienten como una realidad y nos dejan satisfechas sin la ayuda de nadie que no sea nuestra propia imaginación. Por supuesto que ésta debe ser una de las razones por las que es tan placentero dormir durante el embarazo.

Sin duda esta vida sexual en brazos de Morfeo puede llegar a ser más satisfactoria que la vida real. Pero, ojo, todo lo bueno en este proceso tiene siempre su lado bajo. Para muchas mujeres llega a resultar incómodo el mayor flujo sanguíneo que se concentra en la pelvis y después del sexo quedarán con la sensación de no haber tenido un orgasmo. Para los maridos, la congestión de los órganos sexuales femeninos puede incrementar el placer pues se sienten bien abrazaditos, pero también hay casos en los que se sienten demasiado apretaditos y pierden la erección.

El aumento de las secreciones vaginales, su cambio de color, sabor y consistencia tampoco ayudan mucho. El canal de la vagina se convierte en un túnel húmedo y resbaladizo, por lo que algunos hombres no logran mantenerse a la altura. Al final, lo único que aparentemente tenemos asegurado es que en la medida en que nosotras nos vamos inflando, ellos, burlados por esa sabia naturaleza, terminarán desinflándose.

Del sexo oral ni hablemos porque la mayoría de las veces brillará por su ausencia. La razón es muy simple: la inflamación de los órganos genitales femeninos puede darnos a nosotras mucha satisfacción, pero para ellos tal vez sea demasiado enfrentarse a una zona irreconocible por su inmensa generosidad. Y como ya estamos de acuerdo en que el sector masculino no es muy afecto a los cambios, es muy probable que tampoco les agradará el cambio de sabor. Al fin y al cabo no estamos hablando de pasar de chocolate a vainilla.

De lo que sí se puede gozar en este segundo trimestre es de esos senos frondosos que la maternidad nos ha regalado. Si la naturaleza no fue lo suficientemente generosa como para obsequiarnos una talla C o D, el embarazo nos la dará en todo su esplendor.

Nos percataremos de que era una gran mentira cuando nuestro marido nos decía que no le importaban nuestras miserias y hasta seremos capaces de alcanzar orgasmos con la sola estimulación de los pezones. Ya para entonces pienso que nos hemos convertido en un centro ambulante de orgasmos (en pocas palabras, se nos apareció la Virgen), pero como todo lo bueno, tampoco nos va a durar. Llega el momento en que esa placentera estimulación de los pezones equivale a la inducción del parto. Sí, aunque una no lo crea, puede llegar a ser el equivalente al Pitocin. Así que hay que olvidarse de ellos y aprovechar para tomarse unas buenas fotos. No sólo como recuerdo, sino para tener una muestra cuando vayamos a ver al cirujano plástico con nuestros coladores de café colgando en el pecho. Es más, las fotos deben tomarse en varias etapas para tener alternativas y que no se nos vaya la mano en el tamaño de las prótesis.

Toda esta maravilla sexual que experimentan muchas mujeres llegará a su fin, en la mayoría de los casos, para el tercer trimestre. Adiós a la excitación sexual rápida y repentina, adiós a los orgasmos intensos que como terremotos nos dejan hasta temblores posteriores y a esa sensibilidad en todos nuestros órganos sexuales. Por más que una quiera —y como dice el dicho: "De lo bueno, poco"—, el tamaño de la barriga, los dolores de espalda y el monotema del bebé enfriarán cualquier llama, por muy ardiente que sea. También hay que enfrentarse a algunos maridos —muchos, por lo que he escuchado— para los que una mujer en nuestro estado no es en absoluto su mejor fantasía sexual.

Por supuesto, existen aquellos que disfrutan esta etapa del embarazo con alegría y gran disposición. Les parece encantador salir de la posición del misionero y experimentar con esa barriga que crece minuto a minuto. Me imagino que deben ser de ésos que soñaron con escalar alguna vez el Everest y no les quedó más que conformarse con las barrigas de sus mujeres. O a lo mejor son firmes candidatos para formar parte del grupo de contorsionistas del Cirque du Soleil o, lo que es peor, pretenden que una lo sea.

Contrario a lo que hemos repetido hasta la saciedad, no todos los hombres son iguales y las mujeres embarazadas lo aprenden por experiencia propia. Pensar que ellos se excitan hasta con un palo de escoba es un paradigma que se rompe con muchos embarazos. Hay un gran sector masculino que no encuentra esta etapa de la vida de sus mujeres ni medianamente atractiva. El miedo a que con la introducción del pene puedan dañar al feto o generar una infección, y la sensación de que hay un ser vivo participando pasivamente del acto, llegan a ser un gran depresivo sexual. Además existen todos esos cambios en nuestros órganos genitales que tampoco ayudan mucho para que mantengan una erección. Al parecer es más difícil de lo que una creía sostener "al que te dije" arriba y además sufre de eso que llaman Problema de Atención, desorden bastante común en los niños de hoy que los distrae de su tarea inmediata y no les permite una concentración absoluta, y que en los hombres, como todo lo de ellos, es radical durante un embarazo.

Debe ser por eso que para el cuarto o quinto mes de embarazo muchos de ellos dan por terminadas sus labores sexuales. El tema queda cerrado hasta nueva orden y deciden esperar a que su mujer vuelva a ser la de antes física y emocionalmente. Pobres, porque no saben que la espera será larga, que tendrán que deshojar muchas margaritas y correrá mucha sangre (literalmente) antes de que vuelvan a coronar. Si alguna vez pensaron que con la llegada del bebé todo volvería a su lugar, están muy equivocados porque lo único seguro es que ya nada será igual. La vida como la conocían se fue para no volver.

7

Alguna vez tuve una vida...

Si algo podemos tener claro para después del parto es que Dios es hombre. Las feministas radicales que se refieren al ser supremo como "ella" no sólo son unas ilusas, sino que seguro no han tenido hijos. Una mujer no le haría a otra algo tan humillante, o por lo menos no se lo haría a sí misma. Sin lugar a dudas, tener a nuestro bebé en los brazos es una experiencia maravillosa e inexplicable, pero hubo que pagar un precio y son muchas las mujeres que se sintieron reducidas a su mínima expresión. La naturaleza, que también es hombre y machista acérrimo, se ensaña con nosotras y nos cobra caro la maternidad.

Tengo una amiga —quien prefiere permanecer en el anonimato— que después del parto se sintió como si hubiera estado en un ring de boxeo. Asegura que para ella el nacimiento de su hija fue exactamente como haber peleado doce rounds con Mike Tyson y, desde luego, haber salido noqueda. Los dolores musculares no eran nada comparados con los moretones que tenía esparcidos por todo el cuerpo. Estaba tan apaleada que no encontraba fuerzas ni para levantarse e ir al baño. Le pareció un detallazo por parte de su marido que la entendiera y no se quejara por tener que ponerle el pato para que orinara. Se dijo que era extraño que el padre de su hija estuviera tan consentidor, pues no era su estilo, y que la mirara con cara de: "Pobrecita". Pensó que al fin había entendido lo que ella experimentaba. Estaba muy equivocada y lo comprobó al día siguiente cuando se levantó y se miró en el espejo. Era un monstruo; sus ojos estaban inyectados en sangre y había marcas moradas alrededor de los ojos y las mejillas. El médico le explicó que eran producto de la pujada y que no se preocupara. Como todo lo relacionado con el embarazo, esto era normal y desaparecería en unos días. Hasta el día de hoy asegura que ella no era candidata para una depresión posparto. Siempre fue una mujer muy equilibrada pero verse en ese estado, y estarse desangrando por dentro y por fuera, y que todo siguiera siendo lo más natural del mundo, hizo que se sintiera horrible y abandonada. No le ayudó mucho llegar a casa y que su hijo mayor, de tres años, se echara a llorar al verla en ese estado. No podía explicarle que era consecuencia del parto y de haber traído a su hermanita al mundo. Ya los celos estaban aflorando y lo último que necesitaba era darle a su hijo un motivo más para odiar a esa personita que venía a quitarle su reinado; así que le armó un cuento con un accidente de automóvil, policías, ambulancias y la intervención heroica de la bebé, que le salvó la vida. Por supuesto, pasaron varios días antes de que el niño recuperara la confianza en esta mamá desfigurada e irreconocible para él.

Un buen número de mujeres piensa por error que esta tortura termina con el parto. Durante esos nueve meses de deterioro emocional y físico, en los que han pasado de ser inteligentes a brutas, de personas activas a torpes y de mujeres hermosas a monstruosas, siempre hubo una luz al final del túnel llamada parto. Todo volvería a la normalidad cuando tuvieran al bebé y era un esfuerzo que valía la pena. Lo que no tomaron en cuenta fue que, como en toda guerra, quedan heridas y que éstas toman tiempo para cicatrizar.

Y en el embarazo estas heridas tienen su motivo y razón. Casi con seguridad el ginecólogo nos advirtió de unos flujos sanguinolentos que, cual arcoiris, van cambiando de color durante las semanas posteriores al parto. Su descripción, como siempre, se quedó corta, y un río de sangre correrá por nuestras piernas constantemente; no habrá toallas sanitarias ni pañales que absorban estos flujos que más que un periodo parecen un desangramiento. Entre el cansancio, el ardor de la episiotomía, las molestias para sentarnos y pararnos, la dificultad para orinar y esta nueva agonía (que es muy probable que llegue acompañada de estreñimiento), nos sentimos en verdad aniquiladas.

Pero no hay que preocuparse porque esto tiene su explicación: el cuerpo se está deshaciendo de la sangre residual, la mucosidad y el tejido procedente del útero llamado loquios. Aparentemente no fue suficiente con que el médico nos metiera la mano hasta donde le cupo y limpiara el útero como florero de plata, pues adentro todavía quedaba una que otra cosita.

También hay que agradecer a la naturaleza que sea tan sabia y tengamos contracciones posteriores. Los calambres abdominales o entuertos indican que el útero se está contrayendo y son de vital importancia porque estrangulan (ya en sí la palabrita es dolorosa y tétrica) los vasos sanguíneos que han quedado al descubierto en el lugar donde la placenta se separó del útero, impidiendo así una hemorragia. En pocas palabras, podemos morirnos. Sí, no es broma que morirse puede ser facilito después de un parto. Ésa es una de las razones por las que la enfermera insiste tanto en que orinemos en las primeras veinticuatro horas. Hay que vaciar la vejiga para evitar una infección del tracto urinario, la pérdida del tono muscular de la vejiga y la hemorragia que podría provocarse si esa misma vejiga impidiera el descenso del útero. Pero puede suceder lo peor: que una no sienta deseos de orinar. Como la vejiga ahora tiene más espacio, su capacidad de retención aumenta y se reduce la necesidad de orinar. Si corrimos con mala suerte durante el parto podríamos estar traumatizadas o contusionadas por la presión del feto. A eso hay que agregarle la alta probabilidad de que tengamos pánico. Al fin y al cabo por allá abajo ha pasado de todo: nos han metido lo inimaginable, salió un bebé, nos rajaron y nos cosieron. El dolor y el ardor son cosa segura y la sabia naturaleza ha decidido brillar por su ausencia y dejar el trabajo inconcluso.

"Esto no es nada", dice mi amiga Brigitte, ante la humillación y la prueba de humildad que la vida nos impone. En esos momentos una no se pregunta por qué tiene que orinar, o por qué le esta saliendo tanta sangre. Nos acostumbramos tanto a que todo es normal que nos resignamos. Aguantamos como machas porque, después de todo, para ser mujer hay que ser valiente. Lo que sí es inaguantable es el golpe a tu ego que viene con todo ese engranaje.

Según Brigitte, estar acostada desnuda en una cama, con su hermana jalándole la pierna derecha y su mamá la izquierda, el padre de su hijo presionándole la barriga y la cabeza de un señor directamente en sus partes privadas mientras ella pujaba y salían cosas, es un momento del cual no quiere ni acordarse. Sin embargo, este golpe bajo a su autoestima tenía un propósito llamado bebé y, por lo tanto, lo tomó como un gaje del oficio. Hirió su orgullo, pero tragó en seco pensando que se trataba del sufrimiento final.

Con lo que no contó fue con que ese orgullo sería pisoteado varias veces al día cuando se veía obligada a ir al baño. Necesitaba la ayuda de su marido y ella, que siempre fue una persona pudorosa, se encontró siendo conducida al baño, sentada con la ayuda de su esposo en el inodoro, con la consabida limpiada y cambio de toalla en manos del padre de su hijo. Era prácticamente una lisiada. Lo único que le quedó claro de esta experiencia fue que nunca se va a divorciar. Hasta el día de hoy se niega a compartir esta desagradable experiencia con otro hombre y siente que los une algo más que un hijo. Está amarrada a su marido para siempre por una cuestión de inodoros y de dignidad.

No obstante, todas estas tribulaciones, por más fuertes que sean, pasan a un segundo plano en esos primeros días ante la carga emocional que nos cae encima. No sólo estamos agotadas físicamente como consecuencia de nueve meses de embarazo y del parto. A ello hay que agregarle las levantadas cada tres horas para alimentar al bebé y la constante preocupación por su bienestar.

Si es nuestra primera experiencia en esto de la maternidad, sentiremos el impacto de tener un bebé que para vivir depende por entero de nosotras, que hace ruidos extraños y a quien vemos tan frágil que puede partirse con sólo tocarlo.

La primera visita al pediatra nos demostrará que nuestro hijo no es tan débil como parece. En cierta forma es como cuando una va a comprar una planta: con el mayor cuidado del mundo la subes al coche y cuando la bajas en casa, descubres que la mitad de las hojas se quedaron en el camino. Si lo hace una persona experta en jardinería, agarrará esa misma planta por el tallo, sin miramientos la tirará en el baúl del coche y llegará a nuestro hogar con todas las hojas en su sitio.

Lo mismo sucede con nuestro bebé: con todo el cuidado de que somos capaces lo llevaremos al pediatra, quien le quitará la ropa sin importarle que el aire acondicionado esté puesto a un millón, lo volteará de un lado a otro, lo jalará, lo colgará y le meterá cosas por el oído sin que esa frágil criatura se desmorone. Los bebés son más fuertes de lo que pensamos, pero eso no impide que vivamos llenas de miedos. Es parte del ser madre y nos encontraremos poniéndole al recién nacido espejos debajo de la nariz para ver si sigue respirando, llamando al pediatra porque tosió, estornudó, se movió de más o de menos, vomitó, tiene cólicos y hasta porque es demasiado juicioso y no llora lo suficiente.

Los miedos, el cansancio infinito y una serie de hormonas que intentan volver a su sitio se unen para causarnos tristeza, euforia, y la ya reconocida depresión posparto. No todas las mujeres la experimentan, pero las que han pasado por ella afirman que viene acompañada de un sentimiento gigantesco de culpabilidad.

No entienden por qué en un momento tan maravilloso y esperado de sus vidas se sienten tristes y abandonadas por todo ser supremo. No tienen fuerzas para nada, todo les molesta y no encuentran ánimos para criar a esa criatura.

Gracias a diversos estudios hemos logrado saber que la depresión posparto no es síntoma de nuestra poca habilidad para ser madres, como llegaron a creer muchas mujeres en el pasado. Es, más bien, producto de una hormona que tarda en regresar a su sitio y nos priva de la sensación de bienestar. Una de cada dos mujeres la sufren y existen casos en los que dicha hormona se pierde en el camino y no nos queda otro remedio que tomar medicinas de por vida para evitar una depresión eterna y continua.

Otros estudios afirman que para la depresión posparto no existe mejor remedio que la sabia naturaleza. Lo único que hay que hacer es darle el pecho al bebé porque los pezones, al ser succionados, activan esta hormona despistada, mostrándole el camino de vuelta a su sitio.

Pero como todo lo que tiene que ver con esa naturaleza machista, lo de la amamantada tampoco es el camino de rosas que nos vendieron.

Desde tiempos inmemoriales la lactancia se ha considerado algo tan innato y natural en la mujer como la menstruación o la menopausia. Un concepto más animal que racional, por cierto. En ningún momento la Biblia nos habla de cómo Eva amamantó a Caín y Abel, pero me imagino a las más fanáticas del tema diciendo que Caín no recibió leche materna y esta carencia le creó el trauma que lo llevó a matar a su propio hermano. Así que la conclusión más lógica es que la lactancia es innata en nosotras como lo es en las vacas, las yeguas y las jirafas. Sin embargo, yo nunca he visto a ninguna de estas madres animales adoptar una posición cómoda; utilizar el pulgar y el índice para mantener el pezón erecto; empujar el pezón ligeramente hacia arriba para acercarlo al paladar de su cría; repetir esto varias veces hasta que el bebé animal tome el pezón en la boca; asegurarse de que la areola, con todo y pezón, quede dentro de la boca, y separar con un dedo el pecho de la nariz del retoño para no obstaculizarle la respiración.

Seamos realistas: aunque nos han vendido la idea de que la lactancia nos viene de forma natural, lo cierto es que no es tan fácil como sumar dos más dos. No somos animales y creo que a ellos les fue mejor que a nosotras en el tema de la maternidad. Tienen embarazos más cortos, ninguna vaca vomita hasta el alma, no se sabe de una yegua con hemorroides, una jirafa con várices o una cabra con los pezones agrietados a causa de la lactancia. Lo dicen los libros especializados: un amamantamiento con éxito es el resultado de la combinación perfecta de práctica, paciencia y una buena postura. Conceptos que no tienen nada que ver con el mundo animal.

Por eso es que muchas mujeres se enfrentan a la lactancia con frustración. Algo que debía ser tierno, natural y satisfactorio se convierte en un trabajo para el que muchas no dan la talla. Todas soñamos con sostener a nuestro bebé en los brazos dándole el pecho y con esa expresión de paz y bienestar que vemos en los comerciales relacionados con la maternidad. De pronto descubrimos que el asunto duele, es incómodo, molesto y que la naturaleza decidió colocarnos en la categoría de inservibles para estos menesteres. No importa que esa misma naturaleza nos haya dotado de un busto frondoso que iba por el mundo promocionando a las glándulas mamarias. En esto de la lactancia más no significa más y menos muchas veces es más. Algunos botoncitos pequeños se convierten en centros de producción de leche envidiables, capaces de alimentar a un equipo de futbol y algunos melones gigantescos no logran producir sino el calostro inicial.

Es claro que si una es de estas mujeres incapacitadas, la frustración y la culpabilidad serán parte de la mentada depresión posparto. Mi amiga Teresa dice que se sentía la peor de las madres por no ser capaz de darle el pecho a su hija. La angustia era mayor porque ella sí tenía la leche, pero sus pezones son invertidos. Los primeros días se empeñó en lograrlo mientras la bebé daba gritos llevada por el hambre. Después recurrió a la famosa bombita, para descubrir horrorizada que no es que tuviera pezones pequeñitos, sino que estaban acomodados hacia adentro. Según sus propias palabras, cuando la bebita los succionó por primera vez, el pezón empezó a agrandarse hasta llegar más allá de lo imaginable. El dolor era de arrancar lágrimas y las tres gotitas de leche que sacaba cada vez que bombeaba ya estaban agrias cuando el enorme pezón volvía a su sitio original. El proceso era eterno y doloroso y no hubo otro remedio que dejar que la leche se secara.

Lo de los pezones invertidos no es común, pero la incapacidad de ciertas mujeres para amamantar se presenta con mayor frecuencia de lo que pensamos. Mi amiga de los buenos tiempos, Vicky, fue una de esas mujeres a las que el embarazo las trató de maravilla. Sus hijos fueron unos fetos tan saludablemente considerados que ella se enteraba de sus embarazos porque el cigarrillo le sabía mal y el alcohol la asqueaba. Sus partos eran de correr a la primera contracción porque ya llevaba no sé cuántos centímetros dilatados y el bebé nacía en cuestión de minutos. Todo un sueño hecho realidad hasta que tuvo que enfrentarse a la primera amamantada. Lo hizo con toda la ilusión y no veía la hora de tener a su hija pegada al pecho. Le parecía la cosa más hermosa del mundo, pero del dicho al hecho hay un gran trecho.

"El dolor era tan grande que lancé un grito espantoso y le dije a mi mamá que la revisaran porque estaba segura de que tenía dientes. Después de la revisión y de confirmar la ausencia de dientes, todos en el cuarto, incluyendo a mi madre, me miraron haciéndome sentir una histérica incapaz de alimentar a su propia sangre. Como siempre he sido una persona bastante exagerada en mis expresiones, tuve que aguantar la retahíla de que yo hacía un escándalo por cualquier cosa y que sí dolía, pero no como para armar tanto lío. Me resigné a que éste era el precio que debía pagar por un embarazo y un parto gloriosos. Tanto vanagloriarme ante de mis amigas menos afortunadas y aquí estaba con una bebé a la que no podía alimentar sin sufrir un verdadero suplicio."

Se aguantó, aunque muchas veces pensó que o ella era una débil, o esto no era normal. Tenía toda la razón porque dos semanas después, al ducharse con todo el cuidado del mundo se enjabonó los pezones, que le ardían como si estuvieran en llamas. De pronto sintió que algo se le estaba cayendo y descubrió la mitad de su pezón derecho colgando. Esta vez el grito no fue sólo del susto, sino un llamado de auxilio a todos en la casa para recuperar su dignidad de madre y mujer fuerte. No había exagerado: su hija no tenía dientes, pero sí era poseedora de una fuerza en las encías que la llevó a una reconstrucción de pezón. Se evitó así seguir con el tormento, pero el sentimiento de culpa por no alimentar con leche materna a la bebé la hacía creer que la niña crecería aquejada de todo tipo de enfermedades.

Estas dolorosas experiencias hicieron que para su segundo hijo recurriera a la bombita extractora de leche. Era la solución ideal. Su hijo recibiría todos los beneficios de la leche materna y ella se libraría de darle el pecho. Se ordeñaba con su fabuloso aparatito y todos contentos. Pero entonces sucedió algo peor. Después de una semana, cuando ya había adquirido experiencia y pensaba que ese aparato era el mejor invento, se sentó en la posición adecuada a bombearse. Metió el pezón en el aparato y lo prendió.

"¡Oh sorpresa! De pronto sentí que esa cosa me estaba apretando más de lo normal. Veía cómo mi pecho iba entrando en la bomba, pero no sólo el pezón. Con un glu, glu, glu la bomba se tragó todo mi busto y yo sentía que poco a poco toda yo, con brazos y piernas, me iba a ir por ese hueco. Cuanto más trataba de sacar la chichi, más dolor y ganancia para la bombita. No podía desconectarla porque mi situación de mujer siendo absorbida por una bomba extractora de leche no me lo permitía. La escena era tan absurda que no me atrevía ni a gritar, pero no me quedó de otra. Mi mamá vino y la desconectó, pero la chichi seguía toda metida en el aparatito. Con un cuchillo de cocina logramos cortar el plástico para que por fin saliera la pobre toda magullada, morada y palpitante. Definitivamente lo de la amamantada no era para mí y con mi tercer hijo me mandé secar desde el principio. Estaba en juego la salud de mis senos y esto de la lactancia, en mi caso era presagio de mutilación. Estaba segura de que si volvía a intentarlo quedaría destetada.

Es más, me quedó tal trauma que mis pesadillas no son las normales de caerme por un túnel: a mí me traga una bomba de sacar leche."

Como es evidente, existe gran cantidad de madres que logran superar el dolor y la incomodidad iniciales. Para ellas la lactancia sí representa todo lo hermoso que nos prometieron y son de las bendecidas que cumplen con su papel a la perfección. Hay otras que van más allá y se enorgullecen de haber dado el pecho a sus hijos hasta que entraron a la escuela. A mí la imagen me parece desagradable. Soy de las personas que considera que cuando el niño ya no es un bebé, la lactancia deja de ser del todo tierna y pasa a la categoría de "aquí hay algo raro". Me da la impresión de que estas mujeres se vuelven adictas a las sensaciones que deja la amamantada, y tienen toda la razón si reconocemos que son idénticas a las que experimentamos después de una magnífica relación sexual. Sí, hace su aparición la misma hormona que detonamos cuando retozamos, dándonos esa sensación de bienestar que, unida a la contracción del útero cuando el bebé succiona el pecho, nos deja exactamente igual que si hubiéramos tenido un orgasmo. Debe de ser por eso que las mujeres que amamantan con éxito van por la vida con expresión de satisfacción y una sonrisa de oreja a oreja.

Claro que se nos pasa factura por este inmenso regalo que de pronto nos cae del cielo con la lactancia. La cuenta incluye despertadas dizque cada tres horas. Y digo dizque, porque cualquier madre que haya pasado por este proceso sabe que lo de las tres horas es relativo. Si al bebé le toca comer a la una de la mañana, desde la una menos cuarto dará señales de que está próximo a usar el restaurante. A la hora exacta exigirá su biberón o su pecho. El proceso durará como una hora entre la alimentación, la sacada de gases y la consabida cambiada de pañal. El bebé se volverá a dormir a las dos y seguramente durante unos minutos más lo escucharemos gimiendo de satisfacción. Ya son las dos y media de la mañana y se supone que nos esperan tres horas de sueño. Pues no. Sólo nos queda hora y media, porque nuestro hijo o hija repetirá el proceso a las cuatro en punto, y así sucesivamente.

Si pensábamos que para el final del embarazo ya habíamos llegado a nuestro nivel máximo de cansancio estábamos muy equivocadas. Esas primeras semanas después del parto son una prueba más a nuestra paciencia, dedicación y fuerzas. Estamos abrumadas ante la presencia de ese ser que tanto esperamos; cansadas por la falta de sueño; con unos pezones maltratados que desearíamos dejarlos oreándose todo el día porque hasta el algodón más fino nos molesta al tacto; goteando leche y, por consiguiente, oliendo a leche. Y, por si esto fuera poco, ir al baño se ha convertido en una mentada de madre. Es como aplicar ácido a la herida, literalmente: la orina es ácida y tenemos una herida, lo que no hace nada agradable la orinada. Evidentemente, si el ardor es tan grande vamos a intentar por todos los medios no llegar a segundos términos con el inodoro. La naturaleza nos ayudará enviándonos un estreñimiento fuera de lugar y de tiempo. Podría ser que en esos primeros días una decida que puede pasar la vida sin ir al baño. Se hace una la loca con los pequeños retortijones hasta que un tumor fecal gigantesco está por explotar en nuestra barriga. Con lágrimas en los ojos presagiando el dolor, convencidas de que el desgarre de la episiotomía será un hecho y que no ayudaremos mucho a nuestras hemorroides, nos sentamos a sudar y temblar hasta un punto cercano al desmayo. Otro parto. Lo único que sabemos con seguridad es que no volveremos a experimentar este dolor hasta el próximo bebé. Los libros, los médicos y las veteranas aseguran que consumir mucha fibra ayuda en estos primeros días. Pero una amiga mía sostiene que a ella sólo le faltó comerse las ramas de trigo y la madera de los muebles. No fue de mucha ayuda. Salió del baño sudada, maltratada, con la nariz y los ojos hinchados y con la firme sensación de que había tenido otro parto.

En otras circunstancias la solución hubiera sido simple: tomar un laxante. Pero estos primeros meses, si una está amamantando, ese remedio queda fuera de nuestro alcance. Las mujeres que dan pecho a sus hijos tienen que cuidarse de lo que comen. Si toman un laxante, éste pasará a la leche y el bebé terminará también laxado. Si comen espárragos lo notarán cuando le cambien el pañal a su hijo. Si somos fanáticas del maíz, el bebé se retorcerá con su propio estreñimiento por culpa nuestra; la lechuga lo llenará de gases y hasta el ajo afectará el sabor de la leche. Las rabietas, los corajes, las tristezas y las fuertes impresiones también quedarán plasmadas en esa leche que se pondrá agria y le soltará el estómago a nuestro retoño.

Todo lo que hacemos, sentimos, comemos y bebemos sigue repercutiendo en el recién nacido. Es como si estuviéramos en una dieta emocional y alimenticia al mismo tiempo. Es necesario cuidar lo que comemos y lo que sentimos y no precisamente para adelgazar. A la inversa, las abuelas del bebé nos recomendarán y exigirán el consumo diario de agua de panela, horchata, leche, malta y avena para incrementar la producción de leche, lo cual nos convierte oficialmente en vacas lecheras. Si se logra el cometido de las abuelas, la vida girará alrededor de la ordeñada. Las salidas a la calle estarán sujetas a regresos inmediatos porque una se está reventando y el dolor es insoportable. Y hay que volver, porque si no se está expuesta a un derramamiento al más puro estilo de barco petrolero, con un olor no muy agradable que se diga.

En medio de todos estos sufrimientos físicos y emocionales, nuestra cultura nos exige ser sociables. Tenemos un bebé

147

en casa, nuestros familiares y amigos querrán conocerlo. El primero que esperará el regreso de nuestras habilidades de anfitriona será el padre del niño. Por fin cuenta en vivo y en directo con su máxima creación para mostrar al mundo. Querrá alardear ante sus compañeros su orgullo paterno y celebrar este momento histórico. Nadie entenderá que una no está de ánimo para celebraciones y que desde tiempos remotos las visitas masculinas no ayudan para nada. No hay más que recordar la llegada de los Reyes Magos a Belén. Para empezar, arribaron tarde porque estaban empeñados en seguir una estrella (si hubieran sido mujeres habrían solicitado instrucciones, cosa que a ellos se les dificulta tantísimo, para llegar a tiempo y servir de ayuda). Además, con tanta pobreza y necesidad se les ocurre traer de regalo incienso, mirra y oro. ¡Vaya regalos!

Todo habría sido muy diferente con unas Reinas Magas. Estoy convencida de que no sólo hubiéramos llegado a tiempo, sino que habríamos cambiado el papel tan deslucido de José en esta historia. Al fin y al cabo era carpintero y al encontrarlo allí en un pesebre esperando resignado su destino, las Reinas Magas lo habrían puesto a trabajar en una cuna y un techo para su hijo quien, por ser el salvador del mundo, se merecía eso y más. Acto seguido, Melchora cocinaría una deliciosa sopa para darle fuerzas a la Virgen María en sus últimos momentos de Virgen. No hay que olvidar que después de un parto no hay himen que quede intacto, por muy elástico que sea. Y para finalizar, nuestros regalos hubieran sido una hermosa cobijita para el bebé tejida por Baltazara, un vestidito creación de Gaspara y manteca de cacao para los pezones agrietados de María.

Pero no. Será muy difícil hacerle entender a nuestros compañeros de embarazo que el cuerpo y los ánimos no nos alcanzan para nada. No estamos con ánimo de celebrar cuando nos sentimos agotadas y nos hemos convertido en unas vacas lecheras con la obligación de ordeñarse varias veces al día. Nos adaptamos gradualmente a una nueva vida que no se parece en nada a la que llevábamos. La buena noticia es que a ellos les pasa lo mismo (me refiero a la adaptación, no al resto), y que sienten gran necesidad de que seamos las mismas de antes; que les prestemos algo de atención; que los ayudemos a ser padres, y que volvamos a ser la esposa y la amante de los buenos tiempos. Palabras mayores si tenemos en cuenta que la libido, la falta de práctica y el miedo a que algo entre a ese lugar malherido y en proceso de cicatrización no nos dejan ser material dispuesto para las lidias sexuales.

"Y VOLVER, VOLVER, VOLVER, A TUS BRAZOS OTRA VEZ..."

Si una mujer a estas alturas del campeonato afirma estar súper dispuesta para el sexo, es material de exhibición. Tendríamos que ser masoquistas o ninfomaniacas (signos inequívocos de que estamos de psiquiatra) para desear un encuentro sexual en nuestras condiciones. El sexo requiere energía, concentración, relajación y tiempo, cuatro cosas que escasean, por no decir que no existen, en nuestra vida en esos momentos. El cuerpo apenas se está recuperando del trauma del parto y nuestras hormonas se van ajustando, por lo que en la lista de prioridades el sexo brilla por su ausencia.

A la gran mayoría de las mujeres les toma tiempo, a veces hasta meses, recuperar su energía sexual. Y es lógico. Las hemorroides del principio, los cientos de puntos de la episiotomía, la hinchazón y maltrato en la zona entre la vagina y el ano, no son el escenario perfecto para la entrada triunfal de nuestro compañerito de juegos. Además, ese periodo que parece eterno nos hace sentir sucias, malolientes y pegajosas, lo cual no quiere decir que la zona esté lubricada; por el contrario, la resequedad en la vagina de la recién estrenada madre es digna de un humidificador y eso nos quedará bastante claro la primera vez que lo hagamos sin usar un lubricante.

El cansancio tampoco ayuda a que aflore nuestra libido. Si hay que elegir entre una siesta y el sexo, la elección es obvia... siesta. Estamos agotadas; por el trauma del parto, porque el cuerpo ha trabajado y sigue trabajando duro y parejo para mantener su producción de leche y porque dormir se ha convertido en un lujo que casi no podemos gozar. Nos deprimen los cambios que ha sufrido nuestra anatomía. Nos habrá quedado una barriga incipiente, para muchas llena de estrías que parecen arañas; unos pies gigantescos; unos pezones oscuros; un exceso de piel en el torso que asemeja un acordeón; unos kilos de más que ya no podemos excusar con el embarazo, y una vagina que estamos seguras perdió toda su elasticidad y cuelga adentro como media de Navidad. Parece mentira que después de haberle dado a un hombre el regalo más hermoso que existe, nos sintamos avergonzadas e incómodas por el estado en que quedó la envoltura. Que no seamos capaces de mostrar nuestras heridas de guerra con el orgullo de la que ha peleado por lo más grandioso de la existencia a ese único aliado que tuvimos y que por cuestiones de naturaleza se quedó haciendo el trabajo de escritorio mientras nosotras le pasábamos el reporte de las batallas.

Lo único demostrable de esa guerra, dentro de la vergüenza que injustamente nos invade, es un busto frondoso, aunque es muy probable que se niegue a que le cambien sus funciones alimenticias, según una de mis amigas del club de la lactancia. Ella, que es una de esas personas a las que la naturaleza no las premió con una pechera prominente, llegó a su regreso sexual con el orgullo de ser y parecer una vaca lechera. Le informó a su marido que los podía usar mientras no se metiera con los pezones, pues los tenía agrietados. Él cumplió a cabalidad con el trato, pero en pleno preámbulo amoroso un chorro de leche fue a dar directamente a su ojo izquierdo, terminando con cualquier intento de acercamiento sexual. El resto de lo que debió ser una sesión apasionada se transformó en una revisión de senos para lograr entender cómo logró sacar la leche mejor y más fácilmente que cualquiera de las bombas que existen en el mercado.

Pero si las habilidades de ordeñador de su marido dejaron a mi amiga impresionada, lo que más la sacó de onda fue otra sensación inesperada: se sintió culpable por haberle fallado. No estuvo a la altura de las circunstancias a causa de un chorro de leche que no pudo controlar. Estaba realmente apenada y avergonzada con su pareja.

Su actitud puede parecer absurda, pero es normal en una mujer. La gran mayoría regresa al sexo antes de lo debido más por obligación que por disposición. Sus maridos llevan meses en sequía y se sienten incómodas por haberlos mantenido alejados, aunque fuera inevitable. Llevadas por esas enseñanzas absurdas de que ellos tienen sus necesidades y que si una no se las llena buscarán en otro lado, y de que deben estar dispuestas porque es parte de sus obligaciones matrimoniales, muchas mujeres se olvidan de sí mismas y le restan valor al momento que han vivido. Ni después de las tribulaciones de un embarazo y del trauma de un parto se permiten ser egoístas. No son conscientes ni hacen conscientes a sus maridos del valor de la maternidad. Se amparan en que es lo más natural del mundo y todo el esfuerzo queda reducido a su mínima expresión. Hay que cumplir, cueste lo que cueste.

Así le pasó a una amiga —por supuesto que en el capítulo del sexo todas quieren permanecer en el anonimato. Si las mujeres decentes no hablan de eso, mucho menos las madres— cuando decidió complacer a un marido desesperado y según yo, poco considerado. Lo hizo, pero el dolor fue tan grande e intenso que una lágrima, una sola, pero gorda y pesada corrió por su mejilla mientras su marido disfrutaba del regreso a la tierra del olvido. Él ni siquiera se dio cuenta de su dolor, pues es de todas conocida nuestra capacidad histriónica para estos casos; y ella quedó frustrada, vacía y con un dolor durante varios días como si le hubieran metido una tachuela en sus partes bajas. Por supuesto, en las semanas siguientes los dolores de cabeza, el cansancio y el sueño se reprodujeron de forma alarmante, evitando así el "volver, volver, volver a sus brazos otra vez..."

Y el volver, por más tarde o temprano que sea, duele. Esto del castigo divino cobra mayor vigencia. Por eso ahora son muchas las mujeres inteligentes y consideradas consigo mismas que deciden alargar su abstinencia sin contar con lo que diga el médico. Si el ginecólogo las da de alta sexual, para ellas es lo mismo. Siguen diciéndole a sus maridos que todavía no pueden y se dan permiso de prepararse emocionalmente para un regreso que anticipan doloroso e incómodo. Sin embargo, el momento tiene que llegar y como un mal trago hay que pasarlo. Nadie recuerda esa primera vez después del parto como un encuentro sexual satisfactorio, mucho menos si nos toca un ginecólogo orgullosamente machista, como le sucedió a otra de mis amigas. Ella tuvo a su bebé en Venezuela y no sé si se trate de un caso aislado o sea parte de la cultura de ese país, pero el médico decidió hacerla volver a sus tiempos mozos. Recuerda que después del parto, él, con cara de satisfacción, le comentó que la había dejado como nueva. Desde luego, en esos momentos ella no estaba como para sacarle raíz cuadrada al comentario y lo dejó pasar. Cuando su marido entró al cuarto, dicho ginecólogo hizo de nuevo el comentario, esta vez con voz de complicidad: "Te la dejé para estrenar". Mi amiga, en su estado de idiotez posparto, siguió sin entender. Le cayó el veinte cuando esa primera vez, tuvo que aguantar el dolor del paso por la episiotomía, agregado a su recién reinstaurada virginidad. Doble calvario por culpa de un machista solidario con los de su especie.

El regreso es algo de lo que no nos vamos a librar y en cierto momento volveremos a gozar. No estamos en la época de nuestras abuelas y bisabuelas, cuando el sexo era pecaminoso y nada disfrutable. En medio del síndrome de la Madona invertido —porque hay mujeres para las que la maternidad se convierte en tema único y duermen para siempre a su libido y todo lo que se le parezca—; en medio del pánico de sólo pensar que ese acto fue el causante de todos los síntomas, dolores y frustraciones de los últimos meses, hay que hacer el esfuerzo. Tenemos a nuestro favor el conocimiento de que no duele más que un parto y nuestro hijo es la prueba viviente de que salimos victoriosas de esta lucha.

Los libros aconsejan que nos desliguemos del tema del bebé y todo lo concerniente a él, por lo menos una hora antes de hacer el amor. Hay que intentar ser la mujer y no la madre. No sólo para sentirnos con una mayor disposición sexual, sino para evitar que la imagen de nuestra criatura detone la producción de leche y terminemos goteando. No hay que olvidar el lubricador, un gran aliado por su capacidad deslizadora, tan necesaria entre tanta resequedad. Para finalizar, los expertos recomiendan una gran comunicación con la pareja. Hablarle de nuestros miedos, debilidades y fragilidades para que él entienda por lo que estamos pasando. Sí, claro, como si un hombre que al fin va a coronar después de meses de abstinencia estuviera interesado en mantener una conversación intensa sobre nuestro yo interior. Se está en lo que se está: sexo. Por eso considero que sería mejor alejarnos de la famosa comunicación emocional y empezar a comunicarnos con el cuerpo, que es en realidad para lo que estamos ahí. Si la cosa se nos pone muy fea, no existe mejor remedio que una copita, dos, tres, o la botella completa de vino. Es un método que les funcionó muy bien a los ingleses durante la guerra y que se denomina el Toldo Inglés. Así que a entoldarnos si es necesario.

Después de esa primera vez las cosas irán tomando su rumbo poco a poco. Y, aunque lleve tiempo lograrlo, es como todo en la vida: cuestión de hábito. Cuanto más leemos, más se nos facilita la lectura; cuanto más comemos, más se nos abre el apetito; del mismo modo, cuanto más lo intentemos, más gusto le iremos agarrando de nuevo al acto sexual. Nunca volverá a ser lo de antes, no por falta de ganas, sino porque la vida cambió. Quedaron atrás los tiempos en que no había nada que se interpusiera en nuestros encuentros amorosos. Del sexo en la cocina, en la sala, en el comedor, pasaremos al sexo en la cama. De aquel sexo sin complicación y libre de distracciones, pasaremos al interrumpido porque el bebé lloró o porque está pasando una mala noche. Nuestras prioridades son otras y la maternidad puede convertirse en cuchillo para nuestro propio cuello. Esa pequeña criatura llegó transformándolo todo, y ya nada volverá a ser igual.

8

Hasta que la muerte nos separe

Ninguna mujer será la misma después de tener un hijo. La vida cambia porque nosotras cambiamos. Descubrir que puede existir un amor tan grande y tan incondicional lo transforma todo. Estamos profundamente enamoradas, con un sentimiento que perdona sin rencores; que nos hace menos egoístas porque lo más importante en el mundo es el bienestar de nuestro hijo; que nos hace generosas hasta el punto en que preferimos ser nosotras las que suframos con tal de que ellos estén bien. Un hijo nos hace mejores seres humanos; si no, pregúntenselo a Madona, quien de ser una mujer bastante excéntrica, pasadita en los temas sexuales y empeñada en escandalizarnos a todos, se convirtió con el nacimiento de su hija en la típica madona italiana. Ahora aparece como una persona centrada, en paz consigo misma, volcada en su papel de madre. Superó la etapa de sus parrandas eternas, de su diversidad de novios, de sus libros y videos sexuales, y de una vida por demás alocada que cambió con la maternidad.

No hay madre que no lo diga. Una da la vida por un hijo y aunque muchas veces la frase no conlleve la muerte literalmente, sí encierra una gran verdad. El resto de nuestra existencia estará dedicada a esa personita que crecerá, pero que seguirá siendo siempre nuestro bebé. Ya nunca tendremos paz. En la medida en que vaya creciendo será mayor motivo de preocupación y, como dice mi padre: "Hijo chiquito, problema chiquito; hijo grande, problema grande". En cierta forma es como si siguieran viviendo dentro de nuestro cuerpo y no los hubiéramos parido. La sensación que nos invade desde que los concebimos, ésa que nos hace sentir siempre acompañadas, compartiendo sangre y carne con otro ser, convencidas de que nunca estaremos solas porque una parte de nosotras camina por el mundo, es un privilegio. A los hijos los llevamos tatuados en el alma y son una presencia tangible e inefable que nos hace emocionarnos con sólo recordar que existen. La vida vale la pena y tiene sentido por el simple hecho de que ellos están en este mundo.

En una época en la que el "hasta que la muerte nos separe" ha perdido credibilidad con tanto divorcio, la frase cobra vigencia ante un hijo. Este amor y este compromiso sí serán hasta la muerte. Y hasta mucho más allá, porque hay hijos que no dejan tranquilas a sus madres ni en el sepulcro y usan su cercanía a Dios para que sigan intercediendo por ellos. También cobra vigencia ante nuestra pareja, pero en otro sentido, porque el matrimonio puede acabarse, pero ese hombre va a ser el padre de nuestro hijo hasta que la muerte nos separe.

Y a ese padre de nuestro hijo la naturaleza no le dio las mismas armas que a nosotras. No sé si Dios, ante el acto de cobardía de Adán, su demostración histórica de debilidad emocional y su requete reconocida disposición para lavarse las manos como lo haría Pilatos siglos después, decidió que lo mejor era dejarlo fuera del rollo de la maternidad. Debe ser por eso que las mujeres somos madres desde el momento en que engendramos a nuestros hijos, en tanto que ellos aprenden su paternidad en el camino. Para nosotras es un amor intrínseco e incuestionable. Al fin y al cabo nos costó el Paraíso, sin menospreciar un embarazo de nueve meses y un parto traumático. A ellos, hasta que nacen sus retoños, la paternidad sólo les cuesta un magnífico o no tan magnífico acto sexual.

Son muchos los hombres que se quejan de la forma como las mujeres abandonamos el resto de nuestras vidas ante el nacimiento de un hijo. En esos primeros meses se sienten agobiados y llegan a pensar que perdieron para siempre a su pareja. En muchos casos tienen toda la razón. La maternidad para gran número de mujeres puede ser motivo de distracción de todo lo que no sea el bebé y se olvidan de que todavía tienen un marido. Y ése es uno de los grandes mitos: creer que un hijo une a la pareja porque es algo que comparten ambos, cuando la realidad es que crea gran presión que acaba con muchos matrimonios. Los hijos son parte de una unión, y no su único motivo y razón. Es difícil para ciertas mujeres desligarse del cúmulo de emociones que trae un hijo, dejar a un lado la sensación de que nos necesita veinticuatro horas al día y que si no estamos allí algo le puede pasar.

Para los hombres esta actitud puede resultar muy desalentadora como parejas y como padres. Las cosas han cambiado desde los tiempos de nuestros abuelos en los que la participación de ellos era limitada. La crianza y educación de los hijos corría en su totalidad por cuenta de las mujeres y el papel de ellos era lejano y circunstancial. Los padres de hoy quieren ser partícipes de la vida de sus bebés de manera activa y está en nuestras manos que lo sean.

No somos responsables únicamente de traer a nuestro hijo al mundo, sino que es nuestra tarea enseñar y lograr que nuestra pareja sea el padre que queremos para él. Un hombre no va a cambiar un pañal, a no ser que nosotras se lo pidamos. Sabemos que no es el pasatiempo favorito de nadie estar cambiando pañales, sacando gases y dando biberón. Hay que involucrarlos sin criticar al mismo tiempo su poca habilidad para estos menesteres. Es la mejor forma de lograr que el cuidado de un hijo deje de ser para ellos una ayuda, palabra que si la analizamos posee una connotación de favor y, por lo tanto, requiere agradecimiento. Para ellos la crianza de sus hijos tiene que ir más allá de una ayuda y convertirse en algo normal. Hay que quitarles de la cabeza esa idea absurda de que por naturaleza e instinto los hijos son más de nosotras que de ellos, que porque nosotras los padecimos y los sufrimos son más nuestra responsabilidad. Basta escuchar a un hombre cuando los hijos están creciditos y hacen algo indebido para darnos cuenta de que consideran su educación y su comportamiento asunto nuestro. Si el niño se porta bien es "mi hijo"; si se porta mal nos enfrentaremos a un: "Mira lo que hizo tu hijo". Como si la Creación les hubiera reservado el derecho a las partes buenas de la paternidad y los absolviera de los problemas. Algo muy alejado de la realidad. Los hijos son una empresa y no hay persona con dos dedos de frente que limite el trabajo de su socio a las satisfacciones y soporte que sólo participe en calidad de ayudante. El trabajo es de dos, los triunfos y fracasos serán de ambos, y la alegría de haber sacado ese proyecto adelante desde que estuvo en pañales debe ser una labor compartida.

Ser madre no es tarea fácil y lo menos que debemos esperar es contar con la participación activa del padre de nuestro hijo. La maternidad es el papel más ingrato del mundo porque al final lo único que sabemos con certeza es que los hijos se irán, abandonarán el nido, formarán sus propias familias y nosotras pasaremos a un segundo plano. Los incubamos durante meses a costa de nuestra salud y bienestar; los traemos al mundo en medio de dolores y hasta acariciando la muerte, somos su todo en esos primeros años y ellos serán nuestro todo para siempre. No obstante, cuando lleguen a la adolescencia nos verán como sus carceleras, empeñadas en desgraciarles la existencia. Cuando se enamoren y tengan sus propios hijos nos volverán a querer en un acto de identificación con el amor y los esfuerzos que implica el ser padres. Pero, seguramente, cuando tengan treinta y cinco años y vayan a ver al psiquiatra, éste les dirá que la culpa de todos sus traumas es nuestra y entonces volverán a odiarnos, esta vez con resentimiento. Nos amarán de nuevo en la vejez, cuando los papeles se hayan cambiado y sean ellos quienes den las órdenes y nosotras las que las acatemos. Por eso, de las cosas buenas que hizo Dios, me imagino que en un intento por aliviar un poco ese castigo tan injusto, fue revestirnos de ese amor de madres que lo puede y lo resiste todo. Sin ese sentimiento no tendríamos las fuerzas, la paciencia, la persistencia y la inmensa capacidad de perdón tan necesarias para criar a un hijo. El amor de madre nos ampara y nos lleva, en medio de todos los problemas y frustraciones, a considerar siempre y sin duda alguna que no existe nada tan hermoso como la maternidad.

Sin embargo, todos esos niños abandonados en las calles, todas esas criaturas maltratadas y abusadas por sus propios padres, son una prueba contundente de que no todas las mujeres nacieron para ser madres. Que sea algo innato en nuestra condición femenina no significa necesariamente que seamos buenas para su ejecución. Queda claro que tenemos la capacidad de concebir, pero eso lo hace cualquier animal. En los seres humanos la maternidad significa mucho más que concebir y parir. Es un acto de entrega y sacrificio para el cual muchas mujeres no están preparadas y terminan siendo madres por las razones equivocadas. Un hijo no se tiene porque falla el método anticonceptivo; porque una se está poniendo vieja y necesita quien la cuide en la vejez; porque es lo que se debe hacer dentro de un matrimonio, o porque los manda Dios. Lo único que nos envió Dios fueron dolores y sinsabores. No olvidemos que si Eva no hubiera sido tan osada no existiría la maternidad. La procreación quedó en sus manos pecaminosas y no en las de Dios o Adán. Este primer hombre lo que hizo fue comerse la manzana sin medir las consecuencias y después dejar la responsabilidad en nuestras manos. Una actitud que, por desgracia, sigue vigente en muchos hombres hasta el día de hoy. La actitud de Eva y todo lo que aconteció en el Paraíso sigue siendo una muestra de que la maternidad es una elección y una responsabilidad que nos atañe principalmente a nosotras.

Siglos después, las mujeres aprendimos la lección y al fin hemos tomado las riendas de nuestra propia maternidad. Quedaron atrás los tiempos en los que nuestros cuerpos eran un instrumento de Dios, del orgullo que para un hombre significa reafirmar su virilidad y de una sociedad que exige procrear para poblar el mundo. La llegada de la píldora anticonceptiva transformó nuestras vidas de tal forma que muchos aseguran es la gran instigadora de la liberación femenina. Esta pequeña pastilla nos otorgó el derecho de decidir cuándo y cuántos hijos queríamos tener. Dejamos de ser simples animalitos que parían sin medir las consecuencias, aunque la Iglesia pretenda que lo sigamos siendo.

Las cosas cambiaron y la maternidad se ha convertido en un acto más consciente para las mujeres. Ser madre dejó de ser algo innato y, por consiguiente, incuestionable. No somos nuestras abuelas y bisabuelas que tenían hijos como parte de una labor de vida, sin cuestionarse sus habilidades y su capacidad para brindar un buen futuro a esos niños. Las mujeres de este nuevo siglo sabemos que es una responsabilidad gigantesca lograr que ese bebé perfecto salido de nuestras entrañas algún día llegue a ser una persona maravillosa. Asumimos que la maternidad no es tan natural y que aunque nos llena de satisfacciones, es una labor dura y plagada de sacrificios. Nos quejamos abiertamente, sin sentirnos culpables o menos madres, de todo lo que implica traer un hijo al mundo. Lo que no ha cambiado y no cambiará nunca es la inmensa satisfacción que nos brinda la maternidad. Ese sentimiento inefable de ser capaces de dar vida; la emoción constante de estar enamoradas incondicionalmente; el sentir que nuestro cuerpo es capaz de formar a un ser humano y que nuestro corazón lo acunará por los siglos de los siglos. Eso hay que agradecérselo a un Dios machista a quien el tiro le salió por la culata. Nos envió un castigo que terminó siendo el mayor don de la naturaleza.

Al fin y al cabo, madre sólo hay una... papas hasta en el mercado.

Esta obra se terminó de imprimir
en abril de 2001, en
Litográfica Ingramex, S.A. de C.V.
Centeno 162-1
Col. Granjas Esmeralda
México, D.F.